Dédié à mes parents :
Constant Georges MERITZA
(1929-2011)
Josiane MERITZA
(1936-)
et à celle qui partage ma vie
ma compagne Sophie

<u>Spéciale dédicace :</u>

Yoann MERITZA

COMMENT REPROGRAMMER SON SUBCONSCIENT?

Éditeur:

BoD-Books on Demand,

12/14 rond point des Champs Élysées

75008 Paris, France

Impression : BoD-Books on Demand, Norderstedt,

Allemagne

dépôt légal Octobre 2018

ISBN : 9782322161539

photo de couverture :

licence : cco 1.0 universal / (cco 1.0)

graphisme : Yoann MERITZA

Comment reprogrammer son subconscient?

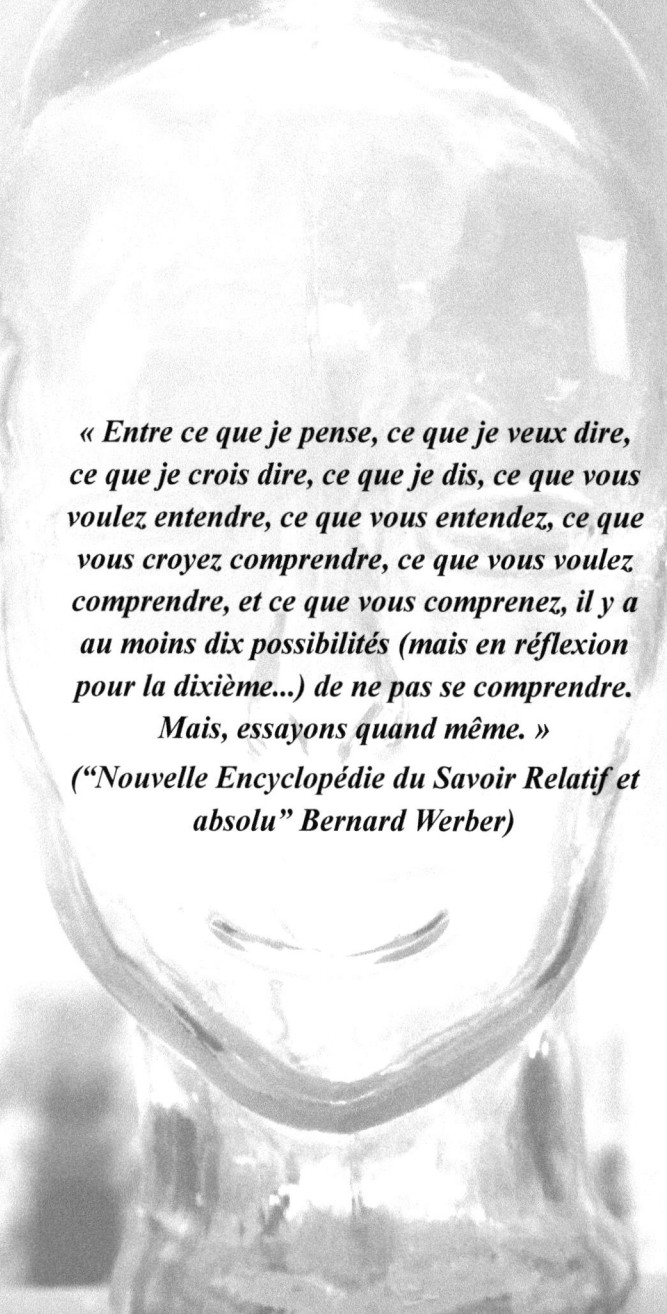

« *Entre ce que je pense, ce que je veux dire, ce que je crois dire, ce que je dis, ce que vous voulez entendre, ce que vous entendez, ce que vous croyez comprendre, ce que vous voulez comprendre, et ce que vous comprenez, il y a au moins dix possibilités (mais en réflexion pour la dixième...) de ne pas se comprendre. Mais, essayons quand même.* »

("Nouvelle Encyclopédie du Savoir Relatif et absolu" Bernard Werber)

QUELQUES MOTS SUR L'AUTEUR

Yoann MERITZA est un auteur essayiste passionné par le développement personnel et le comportement humain.

Né le 28 mars 1978 à Bonneville en Haute-Savoie, issu d'une famille ouvrière, il bénéficia toutefois d'une scolarité dans des établissements catholiques privés, notamment à Sainte Bernadette et Saint Jean Bosco à Cluses, dans son département de naissance.

Son père, Constant Georges, décédé le 5 juillet 2011 à l'âge de 81 ans, ancien combattant d'Indochine, ancien membre des TOE-GCI, routier dans le civil, fut atteint d'un cancer de la gorge en 1981, il s'est toujours battu et avait cultivé un enthousiasme malgré son handicap, car il a compris à quel point la vie était précieuse et qu'il fallait la vivre intensément. C'était un ancien combattant à la fois pendant la guerre d'Indochine, et s'est battu durant le restant de sa vie.

Yoann a baigné dans cet environnement où il fallait se battre tous les jours, il a toujours essayé d'aller de l'avant quoi qu'il arrive et a tenté de nouvelles expériences.

Il suit une scolarité normale jusqu'en 1993 avant de rentrer en école d'apprentissage à Saint Jeoire où il découvre les métiers d'électricien, de menuisier, de décolleteur et de soudeur, ce qui a fait de lui un "touche-à-tout".

En septembre 1995, nouveau tournant dans sa vie, il suit un chemin dans le tertiaire en comptabilité au Lycée Professionnel Privé "les cordeliers" à Cluses, où il découvrit la bureautique et l'administratif, il apprit également l'informatique de gestion qui lui sert encore aujourd'hui dans sa vie privée. Mais rata son BEP de quelques points.

Sous les conseils de son ancien professeur de comptabilité, il retenta son BEP en 1998, qu'il obtint.

À partir de février 1999 à décembre de cette même année, il effectua son service national à Auxonne en Bourgogne au 511e Régiment du train, puis au 27e BCA à Cran-Gevrier en Haute-Savoie.

Après être sorti de l'armée, il décida de tenter son baccalauréat en comptabilité en candidat libre, il bûcha pendant des mois sur tous les sujets, devint son "propre professeur", encore aujourd'hui, autodidacte dans l'âme, il a su "s'auto-coacher", il obtint son diplôme, mais décida de ne pas s'arrêter, se sentant pousser des ailes, il travailla dans l'industrie pour financer ses études par correspondance, ce qui fut pour lui "un gros morceau", tous les soirs à suivre ses cours, mais les résultats furent minces pour lui.

Il entreprit de reprendre des études en session récurrente en 2001, se renseigna auprès de centres de formations et auprès du « Centre d'Information et d'Orientations » (C I O) ou il était suivi par une conseillère qui l'aida à remplir les formulaires nécessaires à sa réinsertion en cycle professionnel.

En septembre 2001, il rentrait au Lycée Guillaume Fichet, il était alors âgé de 23 ans, quatre années le séparaient des autres élèves, un léger choc générationnel qu'il a su compenser, il s'est très bien adapté à ce milieu, et en juin 2003 il obtint son baccalauréat professionnel en comptabilité.

Il tenta par tous les moyens de passer son BTS, car à 25 ans, il était maintenant trop vieux pour les employeurs, s'agissant d'immersion en milieu professionnel en deux ans. Il essuyait des défaites, mais ne s'avoua pas vaincu. Il suivait quelques séminaires pour de grandes marques automobiles, notamment à Valence dans la Drôme.

En 2004, il saisissait une opportunité en or en suivant une formation de collaborateur PME/PMI à la chambre des commerces et d'industries de Scionzier en Haute-Savoie, il y découvrit la PNL (Programmation Neurolinguistique) où il apprit les outils pour façonner le subconscient, et diriger la nature humaine.

De 2007 à maintenant, il s'est intéressé aux sujets du développement personnel, du contrôle du subconscient et a lu beaucoup d'ouvrages sur les thèmes de la psychologie et du comportement, il a également suivi des séminaires de coaching. Il suit encore, et assez régulièrement des coachs en développement personnel.

Il est également membre de l'Union Nationale des Combattants (UNC-Alpes), et de l'amicale du 27e BCA.

AVANT-PROPOS

Bonjour à tous amis lecteurs!

Enfin nous y sommes, un nouvel opus sur le développement personnel, cela a mis du temps, mais on y arrive enfin, comme quoi, avec un peu de volonté, on peut tout faire, je le démontre une nouvelle fois.

Après mon premier livre *"Succès Garanti"*, il me trottait l'idée d'un second, sans savoir réellement de quoi j'allais parler et par où commencer.

Pour l'occasion, j'allais faire quelque chose de très particulier, qu'est-ce que je pourrais faire de plus qui n'existe pas actuellement et qui pourrait aider de nombreuses personnes à travers le monde?

Alors, j'ai eu l'idée de faire mon propre livre dédié au subconscient. Il en existe déjà, je sais, mais très peu sont adaptés à tout public, il me fallait faire quelque chose de compatible avec tous les niveaux de connaissances.

Nombreux sont ceux qui trouveront que mes approches sont simplistes, je leur répondrais que c'est volontaire. Ce qui est à la portée de certains ne l'est pas pour tous, je pense "collectif", c'est-à-dire, à tout niveaux socio-culturels, il n'y a pas forcément besoin de prérequis, tout le monde peut assimiler les lignes de cet ouvrage sans trop de difficultés.

J'ai dû rassembler de nombreux éléments, m'informer sur le sujet afin de l'écrire, et en somme, il s'agit bien, en partie, de ce dont je vais vous parler, la recherche de nouvelles informations.

La plupart d'entre vous ont déjà essayé de se renseigner sur le sujet en utilisant internet, et je sais à quel point il est frustrant d'être sur des sites qui proposent soit des réponses évasives, soit compliquées, les auteurs de ces pages ne se mettent pas au niveau de tout le monde et n'ont pas conscience que ce même public n'assimile pas tout aisément.

Ce qui rend ce livre unique est à la fois une interprétation personnelle des lois du subconscient, issue de nombreuses recherches auprès de spécialistes dans le domaine dont notamment la lecture des œuvres du Docteur Joseph Murphy, mais aussi d'apporter un regard nouveau sur notre manière de penser, de créer quelque chose à l'usage de tous sans distinction, en limitant, voir bannissant tout es les expressions scientifiques.

C'est un ouvrage pratique que tout le monde peut se procurer, et ma volonté en l'écrivant est d'aider le plus grand nombre d'individus en n'écartant personne.

Je vais vous résumer les grandes lignes de cet ouvrages, pour plus de facilité de compréhensions, il a été divisé en deux grandes parties, une théorique, et l'autre pratique.

Notre cerveau est une énorme banque de données où véhiculent des milliards d'informations à la seconde pour lui permettre de faire fonctionner à la fois notre organisme, mais aussi, pour stocker des données que nous recevons durant toute notre vie dès la naissance.

Dans ce même cerveau, trois fonctions se partagent la place, il y a tout d'abord la conscience qui interagit avec notre monde extérieur, l'inconscient ou réside l'imaginaire et l'esprit créatif qui constitue notre monde intérieur, et le subconscient, le grand décideur de nos actes et de nos interprétations face au monde extérieur, en rapport direct avec notre vécu.

Ce dernier valide ou non (sans que nous le voulions réellement) ce que nous pensons ou ce que nous imaginons, c'est l'arbitre de tout ce que nous enregistrons dans la mémoire.

Il y a deux phases très importantes dans le processus de la pensée, ce que nous savons et ce que nous croyons savoir, ce qui a été appris de manière erronée, soit par tierce personne, soit interprété selon ce que l'on a vécu (et non forcément à ce que l'on sait), et ce qui est réel (la connaissance).

Il y a des critères spécifiques à nos propres pensées, elles proviennent à la fois de ce que l'on a appris de la part de notre famille, amis, professeurs, et de nos propres expériences, par exemple, étant enfant, si vous vous êtes brûlé avec un radiateur, l'information qui en résultera dans votre subconscient est la douleur, et toute votre vie durant, vous ferez attention aux radiateurs.

Si vous êtes victime de phobies comme la peur des araignées, des endroits clos, des chats ou toutes autres formes de peurs, elles correspondent avec ce que je viens de dire juste au-dessus.

Pour faire simple, tout ce qui façonne notre subconscient est une accumulation des interactions directe avec le monde extérieur, mais aussi, les créations de notre monde intérieur (l'inconscient).

Alors, il nous vient une première question, si un cerveau peut-être programmé, est-il possible de le reprogrammer? Bien sûr que oui, il suffit pour cela de réinterpréter nos anciennes pensées et croyances issues de notre subconscient, notre mémoire fait partie de nous, à moins d'une amnésie générale, qui ne veut pas dire effacement de tout notre vécu, mais interruption des connexions neuro-associatives.

Par contre, il est possible de modifier les chemins d'accès vers notre subconscient, créer de nouvelles connexions qui lui permettrait de valider de nouvelles informations, dans cet ouvrage, je vous montrerai comment procéder, et par quelques exemples.

Pour cela, dans la première partie, je vais vous parler de cette merveilleuse machine qui nous permet de penser et d'agir. Vous y découvrirez le cheminement d'une information, pourquoi vous pensez de telle manière, et comment est-il possible de remettre en question sa manière de raisonner ou d'agir.

Vous découvrirez aussi le merveilleux pouvoir de la créativité et de l'imagination, comment de grands pionniers ont créé notre quotidien, ce qui nous permet de rouler en voiture, d'avoir de la lumière, de nous divertir, tout cela provient de leur subconscient, la grande banque d'informations qui a fourni les éléments nécessaires à l'inconscient (l'imaginaire).

Par exemple, si vous aimez bricoler et que vous voulez construire une cabane (dans votre imaginaire), il vous faudra du bois, des outils, et des clous, alors, vous vous les procurez auprès du magasin de bricolage (le subconscient) qui vous fournira tout ce dont vous avez besoin pour la réaliser.

Dans la seconde partie de ce livre, vous apprendrez à reprogrammer votre subconscient (puisque c'est de cela dont il s'agit), et à devenir une meilleure version de vous-même. Mais cela demandera un investissement personnel, mon rôle étant de vous fournir tous les outils nécessaires et les techniques afin d'y parvenir. Tout le reste étant à votre volonté d'agir, et là-dessus, même en vous apportant les bons outils, votre investissement personnel vous est propre.

Vous apprendrez aussi pourquoi vous renoncez si près du but, à être velléitaire ou à procrastiner, vous chasserez ces mauvaises habitudes qui empoisonnent votre existence, adopterez un nouveau style de vie, la réussite deviendra votre raison d'être.

Mon but est de vous aider un maximum à reprendre le contrôle de votre destinée, il vous faudra bannir bon nombre de vos vieilles croyances et en adopter de nouvelles, et vous verrez que vous ne vous en porterez que mieux.

Pour conclure, sans l'ombre d'un doute, toutes les méthodes présentes dans cet ouvrage ne peuvent que fonctionner, car elles sont dans le réel, je vous invite à vous reprendre en main et de ne pas croire tous ceux qui vous vendent du rêve et de l'imaginaire, le vrai pouvoir réside uniquement à l'intérieur de vous-même.

En espérant que ce livre vous apporte tout ce dont vous avez besoin.

Cordialement

Yoann MERITZA

INTRODUCTION

« Une bibliothèque, c'est le carrefour de tous les rêves de l'humanité. »

(Julien Green)

Aujourd'hui est un grand jour, l'ouverture d'une nouvelle bibliothèque dans la ville. Les habitants étaient emballés par cet événement, et tout le monde avait apporté quelque chose pour son inauguration. L'une des "Sophie" (car c'est un prénom très répandu dans cette localité) avait apporté des sandwichs et des canettes de soda. La supérette étant fermée, elle s'était rabattu sur un distributeur de boissons dans une station-service pour s'approvisionner, faisant le bonheur de la société chargée d'approvisionner ces machines, et la colère des routiers voulant se prendre un petit en-cas.

De nombreuses personnalités comme Bernard Henry Levy étaient même conviées, il n'a pas pu se libérer étant très occupé, à la place il y a eu Bertrand Pinot, spécialisé dans le guide des vins et résidant dans une localité voisine, son discours risquant d'être limité aux vignobles nationaux.

Le maire de la commune n'ayant pas récupéré son costume au pressing, parce que celui-ci était fermé comme tout autres commerces (dont la supérette), sous décision du résidant au plus haut siège de l'hôtel de ville qui a eu la "brillante idée" de faire de la journée d'inauguration un jour de repos pour les habitants de la commune.

À défaut, il prit ce qui lui tombait sous la main, son costume qui date d'il y a dix ans et qui, semble-t-il, est étriqué et sent la naphtaline.

La soirée se passe pour le mieux, feux d'artifices, soirée dansante, musique avec les coeurs du prieuré de Ste Cécile, venus en grand renfort du Luberon et en camion, leur fourgonnette étant tombée en panne. Ed Sheeran devait venir à leur place, mais il n'a pas pu se libérer lui aussi (décidément). En même temps, il tenait un concert à Seattle, et pourquoi se déplacerait-il dans cette petite localité de la France profonde, peuplée d'à peine une trentaine d'habitants?

Le discours fut bref car il n'y avait pas grand-chose à dire, Bertrand Pinot n'était ici que pour promouvoir les vignobles de son guide du vin, et le maire ayant laissé son discours dans la poche de son costume (celui au pressing), autant dire que son intervention fut brève.

Mais qu'en est il de cette grande bibliothèque? L'architecte intervenait dans la soirée afin d'en faire les éloges, laissant un vaste choix de livre, ou plutôt, un très grand choix de place pour les mettre.

Pourquoi est ce qu'il dit ceci? Parce qu'elle est désespérément vide, quel intérêt alors d'en construire une? Cette fin de soirée fut une succession de tromperies funeste, Bertrand Pinot, le prieuré de Sainte Cécile, Le maire dans son costume laissant transparaître son embonpoint et l'absence de son discours parfumé au solvant du pressing, et la petite Sophie avec ses

sandwichs que l'on trouve dans les distribu-
teurs des bords d'autoroute.

Vous vous demandez sans doute à quoi peut-
elle bien servir s'il n'y a pas de quoi lire, c'est
la question que s'est posé également les habitants de cette ville. De ce fait, une personne responsable du projet de création de cette bibliothèque, voyant les étagères désespérément
vides eu une brillante idée (la première de
toutes), il convoqua tous les habitants à une
réunion.

Lors de son intervention, il demanda aux habitants de donner tous les livres qu'ils ne lisaient
plus, et de venir les déposer dans la bibliothèque sur les étagères, Bertrand Pinot fut le premier, on s'en doute bien.

Ainsi, la population de cette ville rentra dans
leurs foyers respectifs, chacun vidant son gre-
nier de vieux livres poussiéreux dont ils
n'avaient plus l'utilité, et les rapportèrent à la
bibliothèque. Seulement voilà, celle-ci comporte deux grandes allées, l'une s'appelant "*le*

paradis", et l'autre *"l'enfer"*. Au fond de celles-ci, il y a les archives. Les livres furent déposés dans le désordre.

Les responsables du projet nommèrent ainsi un bibliothécaire qui s'empressa de remettre tous ces ouvrages dans l'ordre, la tâche fut périlleuse et longue, nous ne nous appelons pas tous Bertrand Pinot, car c'est lui qui fut choisi faute de mieux, plus de trente mille livres y figuraient sur les étagères, et il y avait aussi de la place disponible pour en accueillir de nouveaux.

Les visiteurs, dont nombreux sont ceux qui ont contribué à remplir les rayons, s'en trouvaient perdus, les catégories ne correspondaient en rien avec ce qu'ils cherchaient, la littérature jeunesse se situaient dans la rubrique science-fiction, les récits d'aventures dans les étagères destinées à la romance, ils perdaient du temps à s'y retrouver dans les couloirs. On se demande bien si Bertrand Pinot ne se contente pas que d'écrire des guides du vin.

Le bibliothécaire fut alors remplacé, et chaque livre retrouva sa place destinée (selon le nouveau nommé à la fonction), mais malgré tout, les visiteurs n'étaient, pour la plupart, contrariés par ces changements.

Cette grande bibliothèque, c'est vous, ou du moins votre cerveau, il guide le véhicule qui vous permet d'évoluer dans ce monde et d'interagir avec l'extérieur, c'est-à-dire, votre corps.

Les étagères constituent votre mémoire, dès la naissance, elles sont vides et se remplissent dès les premiers instants de votre vie.

Les livres symbolisent votre savoir, selon qu'ils sont rangés dans l'allée paradis ou enfer.

Les archives représentent votre subconscient, c'est le lieu où tous les souvenirs sont stockés. (savoir antérieur)

Les habitants constituent les interactions avec votre environnement, les personnes que vous croisez dans votre vie, ils viennent y déposer les livres qui représentent les informations (savoir ultérieur).

Et enfin, celui qui a le plus mauvais rôle est la conscience, sous la forme d'un bibliothécaire, il classe les livres donnés (les interactions) dans les deux allées d'étagères, l'une représente vos bons choix (le paradis), et l'autre, vos mauvaises décisions (l'enfer). Il se réfère aux archives (subconscient) pour les ranger. Des fois, le petit bibliothécaire n'en fait qu'à sa tête.

Quant à moi, je suis ici pour remettre un peu d'ordre dans les archives, vous aider à prendre les bonnes décisions, vous remettre sur le droit chemin. Ma tâche est loin d'être simple, il me faudra réinitialiser votre subconscient qui n'assimilera pas forcément tout ce que je vais lui fournir, convaincre un bibliothécaire qui campe sur ses positions, mais avec votre concours, nous le combattrons.

Pour cela, je vais vous montrer tout d'abord les plans de cette grande bibliothèque, ranger les livres du savoir dans les bonnes étagères et les bonnes allées, et aussi, en rajouter de nouveaux.

Allons tout de suite à la découverte de votre cerveau et remettons-y un peu d'ordre!

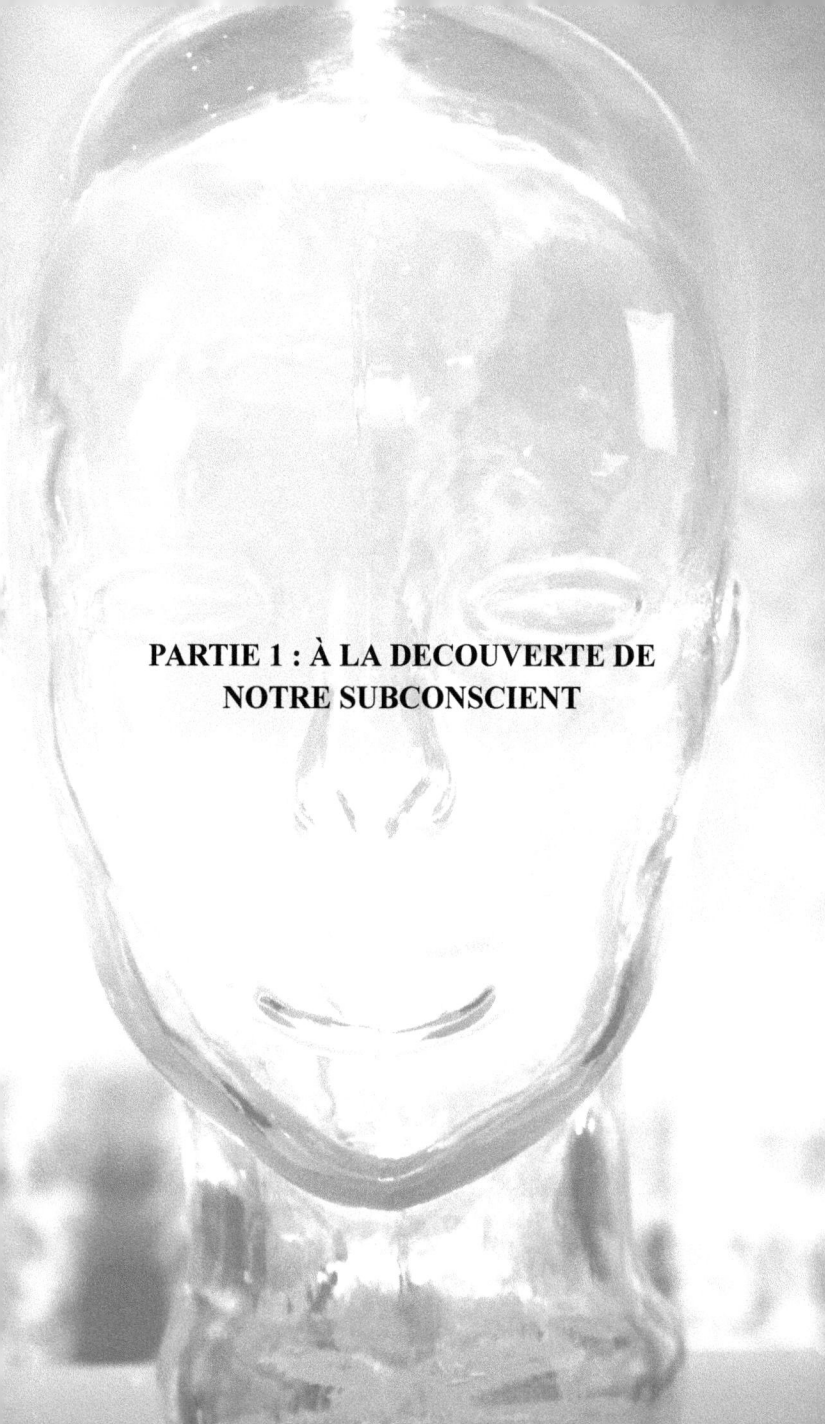

PARTIE 1 : À LA DECOUVERTE DE NOTRE SUBCONSCIENT

CHAPITRE 1: COMMENT FONCTIONNE-T-IL?

« Il n'y a peut-être pas de jours de notre enfance que nous ayons si pleinement vécus que ceux que nous avons cru laisser sans les vivre, ceux que nous avons passé avec un livre préféré »

(Marcel Proust)

Comprendre notre subconscient

Nous allons rentrer dans le vif su sujet, et tenter de donner une définition assez précise du subconscient, qui est il et à quoi sert-il? Beaucoup confondent conscient, inconscient, et subconscient, pour vous aider à comprendre leurs fonctions, laissez-moi vous montrer leur différence.

Il y a tout d'abord la conscience qui fonctionne en interactions avec le monde extérieur, en rapport avec une réflexion directe liée à nos habitudes de la vie courante et vos souvenirs, c'est l'esprit en éveil, quand vous prenez un verre, quand vous lisez, faites du sport ou une autre activité, vous le faites en pleine conscience et avec un peu de réflexion, vous y pensez et agissez en conséquences. Elle agit en accord avec vos cinq sens, et le subconscient en est l'arbitre. Quand vous êtes concentré, cela veut dire que rien d'autre n'interagit entre ce que vous vivez à l'extérieur de vous-même, et l'enregistrement des données dans le subconscient, lors d'une conversation, vous écoutez les instructions de votre chef de service, l'interaction est directe, vous n'êtes pas distrait par d'autres éléments extérieurs, l'esprit se focalise sur ce qu'il dit.

Pour ce qui est de l'inconscient, c'est l'esprit en sommeil, il est le siège de notre imagination et de nos rêves, il s'agit de notre monde intérieur, et communique avec le subconscient sur qui il prend sa source pour créer quelque chose de nouveau qu'il stockera ensuite dans la grande banque de souvenirs. De grands artistes se focalisent sur le monde intérieur en se basant sur ce qu'ils connaissent déjà pour le retranscrire, via le subconscient, dans le monde réel. Parfois, il nous fait commettre des actes dont les jugements de valeurs sont réinterprétés par le subconscient, dans ce cas, la conscience ne se base que sur les interactions avec le monde intérieur, vous avez souvent entendu dire *"mais quel inconscient!"*, c'est parce que dans ces cas précis, vous ne faisiez pas attention. Il agit selon son propre monde intérieur, le monde extérieur est réinterprété. Cela se produit quand par exemple, vous êtes en plein travail et que vous songez à beaucoup de choses à l'intérieur de vous, donc, vous n'êtes plus concentrés sur ce que vous faites, ou du moins, partiellement.

Et puis il y a le subconscient, c'est le sujet dont nous allons aborder dans ce livre, il interagit avec votre conscient et votre inconscient, à la fois, le monde intérieur et extérieur. C'est le siège de nos souvenirs les plus anciens archivés et fonctionne par jugement de valeurs. Vos sentiments en liaison à des étapes de votre vie y sont inscrits, il n'agit pas seulement par des mots, mais aussi par des émotions relatif à la conscience et les créations de l'inconscient. Le subconscient est en quelque sorte l'arbitre de nos pensées.

L'origine de nos anciennes informations

Dès le premier jour de votre vie, vos parents ont offert un livre à votre subconscient intitulé *"paradigme"*, son classement dans les étagères de cette grande bibliothèque dont je vous ai parlé en introduction aura un impact déterminant sur le reste de votre vie. Dans cet ouvrage se trouvent les informations primaires, elles façonnent notre esprit, il est au coeur même de ce qui nous fait évoluer dans ce monde depuis la naissance et de nos premiers pas dans la vie.

Le bibliothécaire (conscience), curieux de tout, le lira en cachette et le classera selon son ressenti au *"paradis"* ou en *"enfer"*, très loin, où les deux allées se rejoignent, près des archives. La conscience peut écrire de nouveaux chapitres de notre vie à l'intérieur même de cette grande bibliothèque, une savante combinaison des anciennes informations, rangée dans une nouvelle allée qui se nomme *"inconscient"* ou *"imaginaire"*. Ce point d'origine va créer des connexions avec un autre ouvrage intitulé *"l'enfance"*, où figurent tous les chapitres de votre jeunesse, les bons comme les mauvais moments.

Par la suite, de nouveaux livres viendront compléter la collection, ceux que vous recevez et ceux que vous créez, plus vous avancez dans la vie, et plus vous rajoutez de nouveau ouvrages, les allées se complètent et vous éloignent du tout premier livre dont seul le bibliothécaire (votre conscience) connait l'emplacement, à moins qu'il ait des trous de mémoire. Nos premiers pas dans la vie sont déterminants, ce sont eux qui façonnent tout le reste de notre existence, nous faisant suivre un chemin, puis un autre, et de fil en aiguille, nous amenant à la page que vous lisez par exemple, c'est-à-dire, au point où vous en êtes.

Cela ne veut pas dire que tout est perdu, et oui! Vous êtes en possession de mon livre que vous pourrez rajouter à votre propre collection sur vos étagères, cela dit, il ne fera pas tout, juste vous donner des pistes à suivre, mais ce qu'il se passe réellement dans votre tête (vos jugements de valeurs), c'est à votre bon vouloir, je vous montrerai la voie, mais ce sera à vous de la suivre.

Si dans votre jeunesse, on vous a imposé des interdits, si vous avez été victimes de brimades ou de découragement, ces informations seront stockées par votre subconscient ainsi que les émotions s'y afférant, et c'est lui qui décide quel comportement adopter selon ce qu'il aura recueilli. De comment classer l'information, en *"douleur"* ou en *"plaisir"*, au *"paradis"* ou en *"enfer"*.

Même si à l'âge adulte (je ne sais pas où vous vous situez exactement par rapport à votre âge), que vous avez oublié ou que vous vouliez oublier, il demeure dans votre subconscient les références relatives à des épisodes douloureux ou joyeux qui y sont gravés en dedans. Dans la cour des écoles ou en famille, vous avez entendu des choses désagréables à votre sujet, que vous étiez incapable, que vous étiez des bons à rien, nuls, votre esprit malléable a accepté l'information, et cela a déclenché un mécanisme de blocage. Celui-ci, non seulement il fait parler vos souvenirs, mais de plus, il l'associe à un sentiment relatif.

Ce blocage est provoqué par la barrière socio-culturelle qui ne vous invite pas à aller plus en amont de vos possibilités.

En effet, votre perception du monde extérieur est façonnée par toutes les croyances qui vous ont été inculquées et votre interprétation de l'environnement qui vous entoure.

Pour faire simple, imaginez un poste frontière tenu par un douanier alcoolique, le sergent Pastaga (mon esprit me murmure ça, je ne sais pas pourquoi).

Celui-ci vous dit n'importe quoi sous l'emprise de l'ivresse, qu'il vous est impossible de passer la barrière, car vous ne faites pas partie des initiés, le nouveau monde n'est pas pour vous, et vous êtes restreint à rester dans l'ancien, c'est-à-dire, votre vie actuelle.

De l'autre côté de cette frontière se trouve la vie que vous voulez avoir, vous la regardez de loin, mais vous ne prenez pas le risque d'énerver le douanier sous emprise d'alcool, car vous ne savez pas comment faire pour forcer le passage et briser cette barrière, il vous faudra établir un plan d'action, et pour cela, de nouvelles informations vous seront nécessaires sous la forme de livres, ce n'est pas votre entourage qui vous aidera, sinon, il aurait déjà franchi la frontière depuis longtemps, mais il reste là avec vous, de peur d'affronter le courroux du douanier qui s'agite au loin.

La connaissance sera votre passeport ou le moyen de briser cette barrière, à vous de savoir comment l'utiliser, car le nouveau monde est rempli de personnes cultivées, vous n'y serez pas accepté et si vous voulez accélérer les événements pour vous y rendre, autant prendre un camion et défoncer la barrière en manquant de heurter le sergent Pastaga, qui lui, sonnera l'alarme, et en grand renfort, vous ramènera de l'autre côté de la frontière.

Ou alors, vous faites une demande de passe-port, de ce fait, vous prenez des renseignements auprès du douanier, qui, à son meilleur jour, vous les donnera. Apportez-lui une bouteille et trinquez avec lui, cela lui ferait plaisir. Il vous dira que vous l'obtenir, vous devez vous rendre dans un grand bâtiment administratif qui s'appelle "*instruction*", dans cet édifice se trouve plusieurs bureaux, dans chacun d'entre eux, un document vous sera demandé dont le premier se nomme "*volonté*", et c'est vous-même qui le rédigez.

Armé de ce document, vous passez dans un premier bureau qui s'appelle "*le français*", il appose son visa pour aller dans la pièce suivante qui se nomme "*les maths*", puis "*les sciences*", et ainsi de suite jusqu'au dernier coup de tampon provenant du dernier de ceux-ci "*la confiance*".

Une fois le dernier coup de tampon donné, vous pouvez vous représenter devant le sergent Pastaga, fièrement, avec le précieux document, et une bonne bouteille de Gewurtstraminner.

Il vous ouvrira la barrière dans ce nouveau monde rempli d'individus cultivés et qui ont très bien réussi leur vie. L'interaction se fera entre eux, et vous ne semblerez pas être un imposteur.

Le passage dans les bureaux de "*l'instruction*" a été un parcours long et périlleux, en phases à des découragements, mais vous avez gardé comme objectif d'aller de l'autre côté de la frontière, cela n'aura pas été simple, mais vous y êtes arrivé.

Le point référent

C'est ce qui est à l'origine de vos pensées actuelles dès les premiers instants de votre vie. Le premier livre de toute notre existence intitulé "*paradigme*" qui créé les premières connexions neuro-associatives relatives à l'information présentée et l'information retenue.

Quand nous venons au monde, nos yeux s'ouvrent sur l'environnement qui servira de socle à nos perceptions de tout ce qui nous entoure.

Ces perceptions sont les fondations, c'est à partir de là que tout va se construire, les premières connexions vont se créer avec vos souvenirs, la mémoire se façonne en même temps que vos sentiments s'y afférant (connexion consciente et subconsciente). C'est "*le point référent*" (ou origine), c'est aussi le point de départ de ce l'on pourrait appeler, les paradigmes, une forme de mécanisme conscient qui nous pousse à agir d'une certaine façon plutôt qu'une autre, empruntant un certain schéma comportemental lié à un groupement social.

Selon le milieu d'où vous venez, vous avez appris à lire, à écrire, à vous donner des croyances et des interdits, qu'elles soient d'origines ethniques, religieuses, ou propre à une communauté culturelle.

On vous inculque des systèmes de valeurs, que ce soit pour l'argent ou la morale, les notions de bien et de mal, le respect envers autrui.

Dans notre esprit a été semé une graine, en l'arrosant avec de nouvelles informations, celle-ci a donné soit un magnifique chêne, soit un saule pleureur (pour faire un peu l'analogie entre force et fragilité).

Pour développer un peu plus le principe de l'arbre, je vous recommande de lire l'oeuvre de Max Piccinini "*Réussite Max*" (je n'en dis pas plus).

Les connexions neuronales

Notre cerveau comporte un enchevêtrement de réseaux inter communicant entre eux, dans ceux-ci circulent des milliards d'informations à la seconde et ont tous des fonctions bien définies.

Les unes nous permettent de faire fonctionner notre organisme en signalant nos besoins physionomiques, comme boire, manger ou dormir, d'autres connexions nous permettent de bouger, marcher, attraper des objets, sentir la douleur ou le plaisir. Elles se situent dans le cortex reptilien (ou cerveau primaire), c'est la première couche de notre cerveau et c'est ce qui permet à notre structure organique d'interagir avec le subconscient, quand votre corps a besoin d'eau pour s'hydrater, il envoie un signal à celui-ci pour lui indiquer qu'il a soif.

Ensuite, le cortex limbique vient le recouvrir, il stocke toutes les informations de notre vie, tout ce que l'on a appris, le champ des valeurs se situe dans cette partie. Quand vous vous souvenez d'un événement, c'est à lui que vous faites appelle, c'est également le siège du subconscient. Dans ce même cortex sont enregistrées de nouvelles informations, et il fait la combinaison entre anciennes et nouvelles données et sont soit interprétées (conscience), soit combinées afin de créer une situation nouvelle dans votre monde intérieur (inconscient).

Et enfin, le néocortex vient recouvrir le cortex limbique, c'est dans cette partie qu'entrent les nouvelles informations quand l'esprit est en éveil, et c'est également là que se produisent les interactions externes. Notre cerveau fonctionne par ces trois paliers, les informations rentrent, sont traitées, et validées ou non en dernier recours, c'est ce qui s'appelle la pensée, une communication entre l'information entrante et une autre plus ancienne, ou une intra-communication entre deux éléments existants dans votre subconscient, afin de créer quelque chose de nouveau, ce qui s'appelle l'imaginaire.

Si par exemple, vous voyez à la télévision un documentaire sur les Antilles, vous assimilez ceci au plaisir, et vos émotions seront en éveil, vous avez le désir adent de boucler vos valises et de partir en vacances, cependant, vous n'avez pas les moyens financiers d'y parvenir. L'information rentre et elle est traitée par le subconscient qui pèse le pour et le contre, d'après ce que vous savez déjà, l'état de votre compte en banque, de qui va nourrir le chat, vous plaidez votre cause auprès du juge (votre subconscient), les avocats donnent leur plaidoyer, l'un est pour (votre inconscient), et formule de nombreuses stratégies pour y parvenir, et l'autre contre (votre conscience), très terre à terre, il ne se base que sur la réalité, ils énumèrent chacun leur version des faits, mais le juge donne son verdict, voyage impossible dû à un manque de moyens financiers, le présumé est condamné à rester chez lui.

Bien sûr, votre subconscient ne sert pas seulement à donner les bons et les mauvais points, en creusant un peu, il vous donnera des solutions pour y parvenir dans les années qui vont suivre. On passe de *"Je ne peux pas y parvenir à cause de ...."* à " *Comment puis-je y parvenir?"* L'inconscient aura le temps de préparer son plaidoyer. Les connexions se font, par rapport à ce que l'on sait et ce que l'on apprend, c'est comme une addition qui donne un résultat. Agir dans l'ignorance la plus totale, en ne faisant pas appelle à ses connexions neuro-associatives devient dès lors de l'inconscience, sans penser à son compte en banque, sans penser à son chat, partir à l'aventure tel quel se résume à quelque chose d'irréfléchi, une donnée ne transitant pas par la conscience.

Les connexions sensorielles

Elles sont inscrites dans le cortex reptilien, nos cinq sens sont en éveil par rapport à eux, ce que nous voyons, ce que nous touchons, ce que nous sentons ou entendons donnent des informations nouvelles au subconscient. Quand nous tombons amoureux, nos sens sont en eveil dans cette partie du cerveau, si nos yeux voient une jolie personne en face de nous qui transmettent l'information à notre subconscient, ce grand centre du traitement de la mémoire, qui l'associe au plaisir. Il répondra par des stimulus à notre organisme, transpiration, palpitations, etc....

Ces connexions nous permettent d'apprécier ou non le monde qui nous entoure, toujours en se référant aux informations plus anciennes, en associant les données rentrantes soit à la douleur, soit au plaisir. Mais pour se faire, si un individu ne connait pas ces sensations, comme le chaud ou le froid, quand il le découvrira, cela deviendra le point référent, pour prendre un exemple, il y a plusieurs années (bien avant que le réfrigérateur ne soit inventé), nombreuses populations vivant dans un climat équatorial n'avait aucune idée de ce que pouvait être les températures hivernales, leur corps n'était pas habitué, mais il a quand même cette capacité à s'adapter, donnant à l'occasion le point référent sensoriel.

En transposant dans le monde réel, supposons que la banque Radin vous appelle pour revoir un dossier de prêt, le sens utilisé est l'ouïe, l'information est transmise à la vue qui identifie le tiroir qu'il faut ouvrir, elle est ensuite transmise à la main qui fait le geste pour atteindre la poignée de ce tiroir (le toucher). Ces trois sens communiquent entre eux, votre main prend la feuille, le toucher donne l'information à la vue qui identifie le document, pour ensuite atteindre les cordes vocales pour retranscrire ce que la vue lui transmet.

Ce qu'il y a d'extraordinaire aussi, c'est que ces trois sens suivent plus ou moins le même chemin menant au point d'origine, le subconscient, le grand centre des traitements des informations. Il applique un jugement de valeurs par rapport à l'information qui lui est donné par nos sens. Encore mieux, là j'en viens au sens de mon livre, c'est que ce centre de stockage peut être modifié, créer de nouvelles connexions et mettre en silence les anciennes. Prendre des livres dans "*l'enfer*" et les déposer au "*paradis*", et inversement, bien que d'autres oeuvres seront déposées aux oubliettes.

L'intercommunication des informations

Les informations recueillies s'imbriquent avec d'autres plus anciennes leur donnant ainsi une interprétation, cela fonctionne comme ceci :

Voici un tableau représentant avec des codes de couleurs les interprétations faites par notre cerveau.

point origine ou anciennes informations	nouvelles informations identiques	Interprétations d'après les anciennes et nouvelles informations
Rouge	Jaune	Orange
Bleu		Vert

La première colonne représente les anciennes informations, ce que vous avez déjà appris, ce que votre subconscient a déjà traité, c'est votre point d'origine, l'ensemble des données déjà recueillies et interprétées.

La deuxième représente de nouvelles informations, si la liaison est faite avec le point d'origine, vous construirez une interprétation de l'information d'après celles-ci. Si elle demeure inexistante dans votre esprit, elle sera traitée telle qu'elle, c'est de l'information brute, ce qui n'exclut pas que ces nouvelles données proviennent de quelqu'un ayant déjà fait sa propre interprétation, cela peut être un écrivain ou un philosophe ayant déjà ses propres opinions et vous demandant d'y fédérer, dans ce cas très précis, le vide est rempli par une donnée de base (ou référence).

La troisième colonne est le résultat obtenu entre les deux, nous pouvons traduire par opinion favorable ou défavorable, et tout ceci provient de votre conscience.

Le plus parlant est de vous évoquer le conditionnement social, si vous vivez dans un milieu modeste, vos opinions sont dirigées vers le socialisme, autrement, si vous évoluez dans un monde plutôt libéral, vous aurez des opinions orientées vers le capitalisme, je rassure en disant que ceci est à titre d'exemple, sachant que les opinions sont propres à chacun.

Au socialiste et au capitaliste, est proposé un seul et même produit de la marque "UNTEL", l'un dira que ce produit est trop cher, l'autre dira que celui-ci est de bonne qualité. En reprenant notre fameux tableau, remplaçons les couleurs par l'exemple que je viens de vous donner.

point origine ou anciennes informations (opinions)	nouvelles informations identiques	Interprétations d'après les anciennes et nouvelles informations
socialiste	Marque « UNTEL »	trop cher
capitaliste		produit de qualité

Pour une même informations données, deux individus réagiront différemment selon leurs connaissances, leur vécu, leur milieu social et culturel.

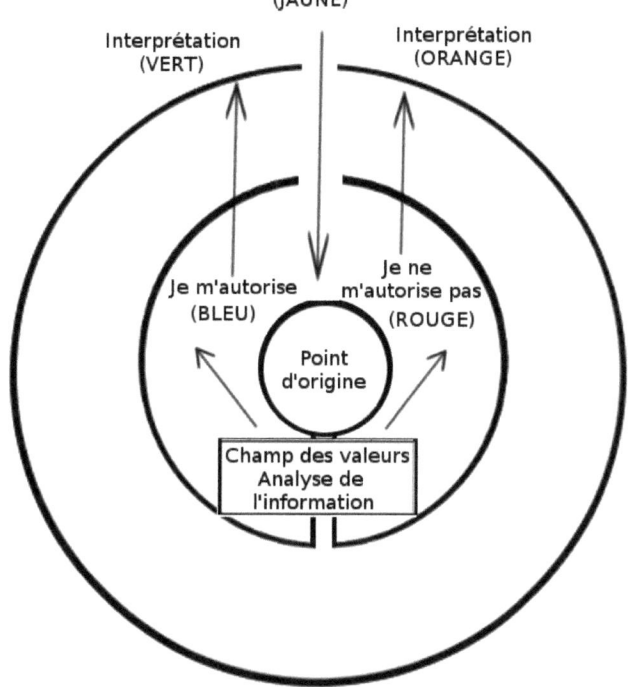

nouvelle information
(JAUNE)

Interprétation
(VERT)

Interprétation
(ORANGE)

Je m'autorise
(BLEU)

Je ne
m'autorise pas
(ROUGE)

Point
d'origine

Champ des valeurs
Analyse de
l'information

Connexion

origine
anciennes
connaissances

Données sortantes
(réponse ou interprétation)

Nouvelles
informations

Données entrantes

Savoir nommer les choses

Le subconscient à besoin d'informations, afin de faire la connexion entre ce que nous connaissons ou pas, et l'objet qui nous est présenté. Savez-vous que les inuits savent nommer la neige de différentes façons? Grâce à un savoir perpétré de génération en génération, mais en ce qui concerne les armes à feu, à l'époque des pionniers d'Amérique du Nord, ils ignoraient leur utilité, car aucune connexion cognitive n'a été faite entre leur savoir ancestral et les armes à feu, ils ont fini par donner un sens à cet objet, ainsi qu'une définition. "Instrument qui provoque la mort", de toute façon, une arme (au sens large) est synonyme de mort dans la majorité des cas.

Les chemins d'accès de notre cerveau

Une information peut suivre trois chemins d'accès différents :

- subconscient vers le conscient:

Quand il s'agit de faire appelle à votre mémoire, par exemple, quand une personne vous demande d'évoquer un souvenir d'enfance, vous lui répondez directement en recherchant l'information inscrite dans le subconscient.

- subconscient vers l'inconscient:

Les informations anciennes et nouvelles créent quelque chose d'inédit par associations, par exemple, si vous imaginez du feu avec la sensation de froid, bien-sûr, cela n'existe pas dans le monde réel, mais les stimulus sensoriels et visuels sont connus de votre subconscient. Un aveugle de naissance ne peut que connaître les sensations de chaleur et de froid, mais peut imaginer selon les informations recueillies par l'ouïe, en provenance de l'entourage. Pour un individu victime de cécité au cours de sa vie, l'information existe toujours, un ami lui dit « attention au feu devant toi », il sentira la chaleur et l'associera à une image mentale de flammes.

*- subconscient vers le conscient et l'incon-
scient :*

Grâce à son pouvoir de stockage des combinaisons neuro-associatives, c'est ce qui nous permet de créer d'après une information réelle. Le
subconscient fournit à l'inconscient les anciennes données et les nouvelles qui lui sont
fournies par la conscience afin d'imaginer
quelque chose d'inédit. Quand une personne
nous pose une question sur notre vie, et que
nous mentons sur notre passé, cela passe par
ce même réseau.

Pour être plus précis

La conscience

C'est ce qui nous permet d'interagir avec le
monde extérieur, et donne l'information au
subconscient qui le traite selon d'anciennes
données. C'est le siège de nos pensées.

L'inconscient

C'est ce qui nous permet de faire des combinaisons neuro-associatives avec d'anciennes et

de nouvelles informations, il interagit avec notre monde intérieur, c'est lui qui donne le pouvoir créatif en se référant au subconscient.

Le subconscient

C'est une banque de données où sont stockées toutes les informations recueillies par notre monde intérieur et extérieur. C'est ici que sont logés tous nos souvenirs, ainsi que les neuro-associativités créées par le conscient et l'in-conscient.

L'un pense, le suivant stocke et le troisième imagine .

CHEMINEMENT DES INFORMATIONS

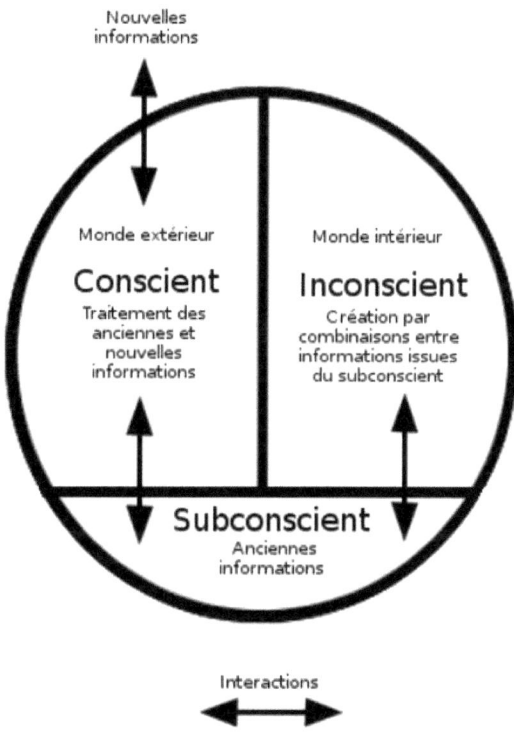

Les perceptions neuro-associatives

Si je vous dis *"endroit paradisiaque"*, à quoi pensez-vous? Et le terme *"richesse"* signifie quoi pour vous?

Nous avons tous différentes façons de penser à ces termes, de ressentir leur impact dans notre esprit.

Je vous donne quelques exemples :

Jacques qui est parisien rêve de partir en vacances à l'étranger, tous les jours, il part travailler, en chemin, il voit la tour Eiffel, monument qu'il a l'habitude de voir, cela fait partie de son quotidien, même en prenant l'air sur le balcon, mais ses pensées ne sont pas orientées vers cet édifice d'acier, il songe aux Antilles, son esprit s'évade, et pense aux choses merveilleuses qu'il pourrait faire dans de tels endroits, il a même un poster d'accroché dans sa chambre représentant des palmiers et une plage de sable blanc.

Ailleurs dans le monde se trouve Simon, un jeune antillais qui rêve de partir en France, c'est ce à quoi il songe. Là où il vit, ce n'est que misère et tout ce qu'on lui propose, ce sont des petits boulots, il pense que tous ses problèmes seront résolus une fois là-bas. Dans sa chambre, il a un poster de la tour Eiffel, pour lui, au comparatif de sa vie actuelle, c'est le paradis, il imagine gagner beaucoup d'argent une fois sur place.

Perspective…

Il y a une différence notable entre ce que l'on connait, et ce que l'on voudrait, nous idéalisons des images qui ne sont pas réelles, Jacques considère son propre enfer en la forme de Paris, avec ses métros, son stress, ses embouteillages, ce sont des références qu'il a acquis depuis longtemps, en revanche, Simon ne connaît pas ce "Paris", pour lui, tout est beau et édulcoré là-bas. Ce qui semble être un enfer pour l'un ne l'est pas pour l'autre. Chacun possédant sa conception de l'enfer ou du paradis, il y a une limite entre les deux, c'est l'imagination.

Tout le monde rêve de quelque chose de meilleur, mais une fois que nous l'obtenons, nous avons les informations manquantes nous permettant de faire notre propre jugement des valeurs, de s'en féliciter ou de regretter.

Autre cas de figure, j'ai vu il y a longtemps un reportage fait dans une caserne concernant des engagés volontaires dans l'armée de terre. Lors d'une manoeuvre, un groupe de jeunes avait consommé de l'alcool dissimulé dans des gourdes, il s'agissait d'un restant de vin utilisé lors d'un événement interne à la caserne.

Les chefs ayant découvert cela, tous les jeunes soldats furent invités à se regrouper. Ils intimaient l'ordre de présenter leur gourde et de les vider devant eux. Ceux qui avaient effectivement du vin dedans étaient mis à part, et avaient eu de lourdes sanctions, car dans l'armée, c'est considéré comme une faute grave.

Dans ce documentaire, il y avait une scène où un sergent chef avait pris à part un des jeunes et lui faisait un sermon.

Cette scène a été reprise mainte fois dans les réseaux sociaux, face à des spectateurs hilares. Des parodies ont été faites. Bien que la situation fut drôle, elle ne l'était moins pour le sergent chef, ayant des responsablitités d'encadrement de ces jeunes, et le soldat, terrorisé, ayant compris son erreur, qui s'est laissé endoctriner par son groupe.

Tout cela pour vous dire qu'il y a une différence entre ce que nous voyons ou entendons, et ce que nous vivons ou ressentons. Dans le cas du sergent chef ou du jeune, comment certains des spectateurs auraient réagi? Ils seraient morts de trouille comme le soldat? Ils seraient énervés comme le responsable hiérarchique? Ce qui démontre qu'une seule information manquante peut perturber tout le reste, qu'un acteur n'est pas un spectateur. Il n'y a pas la connexion neuro-associative de la douleur par rapport à ce que l'on peut voir ou entendre, il n'y a pas le ressenti.

Lorsque j'étais encore en formation en vue de mon Brevet d'Enseignement Professionnel en comptabilité, notre classe devait faire un exposé. Excusez-moi si je ne me rappelle plus les circonstances exactes, mais c'était en rapport avec mon diplôme que je devais obtenir. Mon tour venu, je m'installais debout, face aux autres élèves, et je peux vous garantir qu'il n'y a rien de plus stressant qu'un public qui braque les yeux sur vous, qu'est-ce que vous vous dites à ce moment précis? *"Que vont-ils penser de ma prestation?"*, *"L'ai-je bien préparé?"*, je transpirais et bafouillais, en bref, une vraie catastrophe. Mon attention était plus focalisée sur le jugement des autres que sur mon propre texte que je devais lire, si bien qu'à la fin, l'un d'eux a répondu (même si ce ne sont pas dans les termes exacts) *"C'était nul!"*. De mon côté, ça m'a un tantinet agacé ce genre de réponse que je lui ai lancé "*La critique est facile, l'art est difficile!*".

Peu après, je quittais la salle, écoeuré de ce genre de comportement et aussi, déçu de ma propre prestation. Alors que j'attendais les résultats dans une autre salle, des élèves sont venus à ma rencontre en me disant "*Tu aurais dû écouter celui qui a dit que ma prestation était nulle, il n'a pas fait mieux* ! " (par respect pour les autres élèves de cette époque, je ne divulgue aucun nom), cela m'a démontré que tout le monde ne pense pas pareil, ceux qui sont venu me rejoindre étaient aussi écoeurés que moi du comportement d'un seul.

Tout cela pour dire que celui qui a trouvé ma prestation désastreuse s'est retrouvé exactement dans la même situation que moi, passant de spectateur à acteur, alors, pourquoi avait-il agi ainsi? Pour chasser les démons de sa propre peur sur moi? Pour faire son intéressant? Je ne le saurai sans doute jamais!

La perception neuro-associative peut prendre plusieurs aspects, par associations de nos connaissances face au monde extérieur, l'apport de nouvelles informations, mais aussi, une nouvelle interprétation de la par de l'imaginaire(l'inconscient).

C'est ce qu'il se passe également lorsque quelqu'un se créé un personnage. Prenons l'exemple d'un individu ayant vu plusieurs films de guerre, de Rambo à Apocalypse Now, et qu'il a suivi de nombreux documentaires sur l'armée. Il ne le fait pas essentiellement par plaisir, bien que cela lui en procure, mais il s'identifie avec quelqu'un qu'il n'est pas. Il s'idéalise en se créant son propre personnage, donnant de l'information à son subconscient, et l'imagination fait des combinaisons neuro associatives grâce à celles-ci. Il va ainsi apprendre comment fonctionne un fusil d'assaut, tout sur l'équipement du soldat, pour se créer un souvenir, ayant une perception du militaire comme quelqu'un de courageux, qui n'a peur de rien, mais il lui manque l'expérience du terrain. Certes, il saura tout ce qu'il faut savoir, de toute façon, des vidéos circulent assez sur le sujet, mais quand il sera confronté à la réalité, si un conflit éclate, il découvrira quelque chose qu'il n'avait pas prévu dans sa «soi-disan»t vie courageuse, l'instinct de préservation.

Il réside au fond de lui-même un grand vide qu'il comble par de fausses informations, ce besoin de se sentir important aux yeux des autres, c'est le fruit de l'inconscient et non du subconscient, c'est l'imaginaire qui domine leur esprit, et par force de répétitions, le risque est de finir noyé par son propre mensonge, emprisonné dans une vie qu'il n'a pas vécu, qui peut mener à la confusion mentale et la folie.

J'ai connu des personnes ayant participé à des conflits extérieurs, généralement, ils en gardent de bons souvenirs au niveau du groupement, mais ne veulent pas en parler. Où est le mérite quand on ôte la vie de quelqu'un et que l'on risque la sienne? Celles-ci veulent oublier ce qu'il s'est passé, certain font encore des cauchemars, il y a quelque chose de brisé en eux, et pour d'autres, l'expérience les a endurci, voulant partager leur expérience à des fins préventives.

Je me souviens d'un soldat engagé volontaire lorsque j'étais au service national en 1999, à cette période, il y avait encore les conflits concernant le partage du territoire du Kossovo. Il était sergent chef et faisait partie de l'encadrement, mais malgré son grade, je peux vous avouer que je l'ai vu tremblant, ne savant pas où il allait atterrir, sur quel terrain. Son sentiment de crainte se faisait plus intense lorsqu'il reçut ses plaques d'identification avec son groupe sanguin gravé dessus, ainsi que les documents à signer concernant les personnes à prévenir en cas de décès. À la fois, il appréhendait ce qu'il allait se passer, il était complétement déconnecté de la réalité, le visage blanc de peur, on essayait de lui parler, il répondait *"taisez-vous! Je me concentre!"*, ce sergent chef était complétement renfermé sur lui-même, comme un escargot enroulé dans une coquille.

Il n'avait aucune idée de ce qu'il allait se produire, ni de comment il allait assumer son rôle, une lourde responsabilité pesait sur ses épaules.

Entre imaginer une guerre et la faire, il y a une grande marge, et ceux qui en sont revenu en deviennent transformé à tout jamais, devant se méfier au jour le jour comme si c'était le dernier, en prise avec la trouille de prendre d'une balle perdue d'un tireur embusqué. C'est ce qu'il s'est produit dans n'importe quel conflit, les soldats en reviennent marqués mentalement à jamais.

Généralement, ceux-ci n'en font aucune gloire, pas comme ce type d'individu qui s'est pointé un jour chez mon frère, c'était une personne du voisinage qui prétendait avoir fait la guerre, qu'il a tout vu et tout vécu, c'était arrivé il y a environs dix ans (vers 2008), il portait une tenue qui le faisait plutôt ressembler à un sans domicile fixe qu'à un sous-officier, peu soigné, et les grades ne correspondaient en rien avec ce qu'il affirmait, car il avait des grades de caporal chef, alors qu'il prétendait être lieutenant.

Dans notre vie, nous rencontrons toutes sortes de personnes affabulatrices, mais si nous-mêmes, nous avons déjà vécu ce genre de situation, il est facile de déceler la supercherie.

Ce qu'il faut se dire, c'est que ce sont des personnes malheureuse qui finissent par être absorbées par leurs mensonges, et surtout, elles finissent par se retrouver seules.

Ne fréquentez que des personnes authentiques et fuyez les autres! Aussi, devenez vous-même cette personne authentique, par la voie de la connaissance et de la vérité.

CHAPITRE 2 : LES LOIS DU SUBCONSCIENT

« Les lois de l'univers sont une simple construction d'une partie du cerveau, alors que les hommes et les sociétés obéissent davantage à leurs passions et à leurs préjugés. »

(Marc Gendron)

Le subconscient est régi par cinq lois principales, celle de l'équilibre, de la connaissance, de la continuité, de la répétition et de la persévérance.

Si vous suivez les principes qui vont suivre, vous obtiendrez tout ce que la vie a à vous offrir, il vous faudra puiser dans votre force intérieure, celle que vous trouvez qui vous pousse à continuer.

Quand j'étais plus jeune, durant mon service national, j'ai effectué des manoeuvres au Valdhaon, durant cette période, moi et mon escadron devions établir notre propre campement en forêt, en fait, c'était une véritable école de la vie.

Un jour, nous devions revenir à la base, mais à pied. Le camion qui nous avait conduit était reparti la veille, il neigeait abondamment, et sans tarder, nous avions fait nos sacs et pris la route, 15 km à parcourir, certains diront que c'est de la rigolade, En été, on pourrait considérer ceci comme une promenade de santé, mais seulement, essayez de le faire sur de la neige qui ralentit considérablement les pas. Les rangers étaient trempées et semblaient peser plusieurs kilos, sur 30 cm de neige, plus on progressait, plus nous semblions nous enliser.

Les instructeurs nous avaient demandé de rester en t-shirt, doté de tout l'équipement qui nous a servi à établir le campement, de nos sacs à dos avec tout notre matériel de couchage et de changes, le casque couvrant juste le dessus de celui-ci déposé comme la cerise sur un gâteau, et la sangle du fusil recouvrant notre épaule.

Nous avancions progressivement sur ce terrain enneigé, les pieds en souffrance et tout notre équipement pesant sur le dos. Nos t-shirts étaient mouillés, et la sangle de notre fusil frottait dessus, provoquant des irritations. Durant la nuit, nous avions très peu dormi, chacun devant faire son tour de garde. Nous étions mal en point afin d'entamer cette marche qui semblait interminable, physiquement et mentalement, c'était éprouvant. Ce qui nous a permis de tenir, c'est cette force intérieure, elle se manifeste le plus souvent dans les cas extrêmes, ne nous laissant pas d'autre option que d'avancer.

Quand vous puisez au fond de vous toutes les ressources nécessaires, tout reste possible. Faire un pas, puis le suivant, en se disant que nous y sommes presque.

Sur cette petite anecdote, je vais vous poser cette simple question. *"Pourquoi que diable abandonnez-vous si près du but?"*

Je ne vais pas refaire tout mon livre *"Succès Garanti"*, mais je peux vous fournir une information qui pourra vous servir toute votre vie durant : *"Ne vous laissez jamais submerger par les événements extérieurs !"*.

Quelle que soit la situation, il faut vous interdire de sombrer. Bien sûr que votre situation est trop dur à résoudre, bien sûr que cela vous semble insurmontable, mais si vous changez votre façon de raisonner, cela évitera que votre navire prenne l'eau avant que le bateau n'arrive à bon port vers la terre promise.

Si j'ai un très bon conseil à vous donner, ne parlez jamais en termes de *"Problèmes"* ! Rayez ceci de votre liste psychologique, et remplacez par « *Solutions*» !

Au travail, ne vous laissez pas impressionner par la masse de documents posés sur votre bureau, soyez méthodique en vous disant *"Par quoi je commence?"*, les grands leaders de ce monde ne se butent jamais à un problème, et si vous voulez un jour en devenir un, faites comme eux! Agissez en conséquences sans vous soucier de la difficulté, si vous voyez le mur, trouvez le moyen de le contourner ou de passer par dessus.

C'est difficile, je le conçois, mais c'est surtout parce que vous écoutez trop votre petite voix intérieure, trop habitués à vos anciennes croyances, sachez que malgré toutes les difficultés de la vie, réside toujours une solution, et inversement, chaque avantage cache une part d'inconvénients.

La loi de l'équilibre

C'est la loi principale qui est directement liée au phénomène d'attractivité, et c'est la phase importante de la reprogrammation du subconscient.

Nous attirons vers nous ce à quoi nous pensons et ressentons. Mais votre esprit, trop habitué à ne voir que le mauvais côté des choses n'y croit pas trop. Aussi, certains n'oseront pas tenter l'expérience du changement, car trop dominés par la peur, baignant dans une zone de confort, c'est-à-dire, la juste suffisance de notre existence, métro, boulot, dodo, autrement dit, la routine. Il y a cette crainte dominante d'aller vers les autres, et à travers leurs yeux, vous avez une perception de vous-même qui est négative, et cela se lira sur votre visage.

Ne vous êtes-vous jamais demandé si c'était eux qui manquaient de confiance? Et s'ils étaient jaloux? Il est difficile pour vous de le percevoir, car vous étes concentré sur vous-même et la peur d'être jugé.

Alors que si vous imaginez les autres comme vos égaux, vous les attirerez vers vous en cherchant à comprendre ce qu'il se passe dans leur tête, il y aura un phénomène de conciliation psychique.

Pourquoi vous dis je tout ceci? Parce que dans le monde dans lequel nous vivons, nous avons tous un égo (démesuré ou non), et nous avons tous besoin d'être aimé et considéré.

Prenez la situation à l'envers, si vous avez en face de vous une personne qui s'intéresse à ce que vous êtes, qui comprend vos problèmes, elle vous semblera empathique, la perception que vous en aurez est la sympathie. N'aimeriez-vous pas être cet individu apprécié pour ce qu'il est?

Quand vous ignorez tout le monde, que vous ramenez tout vers vous pour vous faire remarquer et que vous passez votre temps à critiquer les autres, ne soyez pas surpris d'être ignoré à votre tour, d'être critiqué et de passer pour quelqu'un d'égoïste. Dans le sens inverse, comment verriez-vous cette personne si elle se présentait à vous?

L'intérieur doit *"transpirer"* vers l'extérieur, le dehors comme le dedans, tout ce que vous contemplez, les personnes que vous fréquentez, les événements qui se produisent, tous, issus du monde réel (l'extérieur) ont un impact direct sur le subconscient.

Ce qui sera perçu pour certains comme bon, ne le sera pas pour tout le monde. de nous même, par rapport à notre ressentiment envers le monde extérieur, et cela *"transpire"* vers les autres.

Il en va de même pour les événements, votre environnement et les choses que vous possédez, vous en faites une mauvaise estimation. Aimez ce que vous possédez, ressentez la richesse de ce monde, il y a énormément de trésor à découvrir, considérez que chaque événement qui se votre vie peut avoir un impact positif. Devenez riche intérieurement en culture, connaissance du monde, vous avez encore tant de belles années à vivre, énormément à découvrir, quand vous voyez ce que j'appellerais *"le gain"* ou *"le bénéfice"*, votre magnétisme naturel attirera vers vous tout ce que vous désirez, les bonnes personnes, les bons événements, et les objets tant attendus.

Il y a équilibre à partir du moment ou vos pensées issues du subconscient s'alignent avec le monde extérieur, en bien ou en mal. Pour faire simple, pour ceux qui connaissent les expressions "*voir le verre à moitié vide*" ou "*voir le verre à moitié plein*", il faut voir la symbolique qu'il y a dedans. Quand vous pensez qu'il est vide, vous pensez négativement, car votre subconscient est orienté vers le manque et la privation. Alors que si vous le voyez à moitié plein, il sera orienté vers la richesse, le gain, le profit.

Le monde qui nous entoure est le même pour tous, ce qui change, c'est la perception que nous en avons en bien ou en mal. Vous avez pris l'habitude depuis longtemps d'être dans un schéma de négativité et de manque que tout ce que vous lisez actuellement vous semble absurde, c'est la vérité que vous donne votre subconscient, ce qu'il se produit quand vous pensez ne pas avoir de chance, que tout ce que vous tentez ne fonctionnera jamais, car votre vie vous a accoutumé à cet intime conviction.

Pour vous le démontrer, par exemple, quand vous travaillez et que vous êtes informé du salaire que vous aurez, vous disposez de l'assurance d'avoir ce montant à la fin du mois, cette attente est une certitude, votre esprit est dans le vrai et se contente de ce salaire, il est vrai et clair que cela arrivera, il s'agit d'un événement futur réel, mais quand vous supposez vouloir gagner 1 million d'€uros, il s'agit d'un futur fictif, c'est l'imaginaire qui travail, même en l'imaginant fort, cela ne se produira pas, car au fond de vous, il n'existe pas l'intime conviction.

Tout comme jouer aux jeux de hasard, les probabilités de gagner des sommes allant de 1 à 30€ sont plus fréquentes que celles de gagner 5000€. Pourquoi? Il y a une différence entre ce que vous pouvez gagner réellement et le désire d'obtenir davantage, l'un est orienté vers la suffisance coutumière de votre esprit, il est familiarisé avec cette vérité, vous faites un travail, ou même vous demandez des aides sociales, vous êtes dans l'action. En sortant de votre zone de confort afin d'obtenir plus est aussi dans l'action, et surtout l'interaction.

Il est plus facile pour vous d'accéder à ce qui est vrai, c'est votre subconscient qui l'affirme, non seulement que vous n'aurez que ces montants, mais aussi que vous n'avez jamais eu de chance, au fond de vous, c'est une affirmation.

Il est très important de retenir ce que je vous dis sur ces lignes, vous comprendrez pourquoi certains ont de la chance, alors que d'autres sont toujours à travailler dur afin d'obtenir un maigre revenu et qui estiment ne pas avoir de chance.

C'est que ces personnes que vous voyez dans votre existence ont orienté leur esprit vers la suffisance et l'abondance, ils sont heureux avec ce qu'ils ont, heureux dans la vie, alors que d'autres sont malheureuses car ils ne sont pas satisfait de ce qu'ils ont et veulent toujours plus, ils sont toujours dans le besoin, d'une nouvelle télé, d'une maison, d'une voiture de sport, il n'y a aucun mal à avoir des rêves voir se réaliser, mais quand vous êtes malheureux dans votre vie, c'est d'abord parce que vous avez pris l'habitude de l'être et d'envier, il existe une forme de jalousie, souvent à critiquer ceux qui s'en sortent par eux même, mais je ne dis pas ceci pour tous. Vous me direz certes, il y a des familles aisées et les enfants peuvent jouir de leurs richesses, je vous répondrais que justement, ils ont baigné depuis fort longtemps dans ce schéma socio-culturel, la richesse a toujours été présente dans leur vie, ils sont satisfait de ce qu'ils ont.

D'autres ont galéré et ont cru très fort à ce qu'ils faisaient, Soprano, Charles Aznavour, Line Renaud, Florent Pagny, ils avaient cette intime conviction d'y arriver qu'ils y sont parvenu en croyant en eux-mêmes, rien n'a été facile pour eux, mais ils se sont accroché avec un état d'esprit orienté vers l'abondance, ils avaient quelque chose à apporter, une voix, un message à adresser. S'ils étaient restés chez eux à se lamenter, de se dire *"c'est trop dur, je n'y arriverai pas!"*, est ce que vous croyez qu'ils auraient laissé une empreinte sur terre? Et vous, qu'avez-vous à apporter à ce monde?

Ils connaissaient leur situation et étaient heureux malgré ce qu'ils avaient, leur joie, leur enthousiasme ont transpiré en dehors. Ils se sont lancé dans des carrières que l'on connait avec justement cette intime conviction au fond d'eux de réussir.

En tant qu'écrivain, mon désir est d'apporter un message au plus grand nombre, je me mets à la place du lecteur qui souhaite découvrir des réponses, je ne m'oriente pas vers le besoin vendre mon livre pour l'argent mais le partage de ce que je possède déjà intérieurement, je dispose de connaissance et d'expériences que j'aimerais partager, voilà mon but en tant qu'auteur.

Appréciez ce que vous avez et le monde qui vous entoure, arrêtez de vous plaindre et ne cantonnez pas votre esprit dans une zone de confort que vous n'aimez pas! Ayez un objectif en tête avec l'intime conviction que cela fonctionnera, éliminez les barrières du doute et de la peur.

Voilà ce qui résume la loi de l'équilibre, en changeant la perception du monde extérieur à l'intérieur de vous. Vous êtes riches et vous avez tous quelque chose à apporter au plus grand nombre.

Ne vous comportez plus comme un pauvre, toujours dans le besoin, la main tendue vers le haut, à réclamer de l'aide ou à vous plaindre de votre condition, et réagissez comme un riche qui n'a besoin de rien et qui profite des richesses de ce monde, soyez heureux de ce que vous avez, même si ce n'est pas l'idéal pour vous, reconsidérez les événements, les choses autour de vous, et vous aurez un regard neuf sur tout ce qui vous entour, à la fois en rapports humains, et en énergie, donnez la à ceux qui sont en dessous de vous, dans le besoin, et le monde vous regardera différemment, votre aura resplendira, ce que vous dégagerez de vous ne sera que du positif. Si vous êtes riche à l'intérieur, vous le serez à l'extérieur en cultivant un nouvel état d'esprit.

La loi de la connaissance

La télévision est allumée sur BFMTV, une chaîne d'informations en continu, dans les actualités figurent une manifestation dans le grand Lille concernant le plan de restructuration d'une usine fabricant des pneus, le personnel est très inquiet pour son avenir. Le premier ministre est en déplacement afin de négocier avec les syndicats, il arrive en voiture sous les hués des salariés, à peine est-il arrivé qu'il est glorifié de tous les noms d'oiseaux, devant se frayer un chemin, il est tout de suite questionné par les journalistes sur place :

- Mr le ministre, quel est l'objectif de votre visite?

- Nous avons pris toute l'ampleur du dossier, et je suis venu personnellement au nom du gouvernement entamer des négociations avec les partis en présence (syndicats et responsables du site).

- Quelles réponses souhaiteriez-vous apporter à tous les salariés de l'usine?

- Elles seront débattues dans l'entretien que je vais avoir dans quelques minutes concernant le reclassement de certains ouvriers.

Sur cette courte réponse, le premier ministre se rend sur le lieu des négociations avec syndicats et responsables de site, tout l'entretien sera rapporté aux salariés.

Une baisse de 20% du personnel a été envisagé, mais cette donnée a été rapportée à 10%. Cette part du personnel aura un plan de reclassement, quant à d'autres, ils n'auront plus qu'à s'inscrire à Pôle Emploi.

Seulement voilà, ceux qui resteront seront les principaux acteurs de l'usine, une poignée d'ouvriers, et le reste représentera des responsables, des cadres, et le dirigeant.

Ces mêmes ouvriers qui se sont retrouvés sans emploi n'avaient plus aucune vision de l'avenir, pour la plupart n'ayant connu que cette entreprise depuis leur adolescence, se voir ailleurs n'était même pas envisageable, car ils espéraient rester jusqu'à la retraite.

Leur seul point de référence était cette usine, soit ils n'avaient plus le goût d'aller travailler ailleurs, soit il leur manquait les connaissances. La majorité ayant arrêté leurs études très tôt, et n'étant jamais réellement confronté à l'éventualité de rédiger une lettre de motivation ou un CV. Ils avaient de très maigres connaissances dans d'autres métiers, aucune expérience ailleurs, et très peu ont continué à lire des livres afin d'enrichir leurs connaissances, ces derniers ont été sauvés grâce à ceci, ils ont repris le dessus sur la situation.

Quand nous omettons de s'instruire, autre chose que de lire VSD ou Paris Match (je ne vois pas en quoi le mariage du prince William aiderait en quoi que ce soit dans une très grande majorité de situations), nous nous sentons ignorants, nous avons tendance à baisser les bras à se dire «*à quoi bon?*».

Mais à contrario, quand nous enrichissons notre connaissance, notre force intérieure grandit. Nous ressentons que nous pouvons dépasser les événements, dès lors, l'impossible devient possible. Lire des livres apprendre l'économie, les sciences, le français ou les maths ont toujours leur importance dans ce monde, cela donne le sentiment d'être moins nul.

Cette chose que nombreux sont à dire que « *C'est barbant!*», d'autres se disent, heureusement que je me suis repris en main. aussi, il n'est jamais trop tard pour se ressaisir, rien n'est jamais perdu, sauf si notre subconcient nous pousse à y croire.

Aussi, je vais vous confier une chose, en parlant d'émissions, pour ceux qui regardent les jeux télévisés comme «*Les douze coups de midi*» animé par Jean luc Reichmann, il y avait un joueur du nom de Christian Quesada qui a remporté pas loin de 800 000 € avant de se faire détrôner par une candidate, 193 représentations dans l'émission, on l'a surnommé « *le maître* », mais d'où vient tout ce savoir? Christian Quesada a connu de nombreuses galères, il était sans emploi lors de sa première présentation, mais c'était une personne très cultivée, c'est ce qui lui a permis d'être séléctionné pour l'émission.

Pour ceux qui n'ont jamais fait attention à ce détail, combien de personnes issue de la classe ouvrière avez-vous vu dans cette émission? Très peu, au comparatif de professeurs des écoles, des dirigeants ou cadres supérieurs.

Ce n'est pas parce que la chaîne dénigre le monde ouvrier, loin de là, c'est surtout qu'avant d'apparaître dans ce type d'émission, et cela n'importe laquelle, il y a toujours des épreuves se sélections avant d'obtenir ce que je pourrais appeler le fameux « *sésam audiovisuel* », cet exemple vous semble parlant ?

Maintenant, vous savez ce qu'il vous reste à faire, n'ayez plus peur d'ouvrir des livres, même si vous ne partagez pas toutes les opinions des auteurs (car tout le monde pensent différemment), en variant vos lectures, vous aurez les bases solides du savoir, et vous pourrez retourner à votre avantage toutes les situations.

Une autre situation que j'ai moi-même apprise concernant les heureux gagnants aux jeux de hasard, de ceux qui sont devenus millionnaires grâce à eux ne le sont pas resté longtemps, pourquoi? Pour la plupart, ils n'avaient pas la notion de l'argent, ce fut une situation nouvelle et ils ont perdu le contrôle, ils ont fait des placements hasardeux sans aucune connaissance, ils ont mené grand train en faisant profiter famille et amis (c'est légitime), mais cela ne leur a pas rapporté que du bonheur, entre les guerres claniques au sein de la famille et les amis qui les ont lâché sous prétexte que c'était devenu des égoïstes car ils ne donnaient pas assez selon eux, et pas à tout le monde, il y a aussi des personnes de mauvaises intentions le promettant des placements dans l'immobilier assez douteux dont ils ne voyaient même pas la couleur ni de l'argent, ni du bien en question, les escrocs profitant de leurs connaissances afin d'exploiter les personnes plus faibles d'esprit, avec de maigres informations lues sur internet, ils se sont retrouvé au bout d'un certain temps avec un reliquat qui ne leur permettait plus de mener grand train de vie, ils ont aussi brûlé la chandelle par les deux bouts, c'est comme donner une boîte d'allumettes à un enfant, il finit par se brûler les doigts.

Si je devais vous donner un conseil, si par le plus curieux des hasards (car il s'agit de ça) vous gagnez une très grosse somme d'argent, soyez discrets et informés, n'en parlez pas à vos amis ou à votre famille, ou ne dévoilez pas tout le contenu de votre petite fortune, c'est une information qui ne doit qu'être personnel.

Et aussi, si vous voulez vous aussi garder votre place au travail, pouvoir vous reconvertir ensuite, en trouver un pour ceux qui n'en n'ont pas, tenter de participer à des jeux télévisés ou encore, faire de bons placements avec les bonnes personnes, instruisez-vous! Il n'y a pas d'âge pour commencer, il n'y en a pas non plus pour finir (sauf dans une boîte en sapin, mais cela est une autre histoire).

La loi de la continuité

S'instruire, c'est bien, mais garder une continuité, c'est mieux, je vous donne pour preuve, quand vous étiez étudiant, vous souvenez vous de tout ce que l'on vous a enseigné? Pour les plus jeunes, n'ayant entamé une vie professionnelle que depuis quelques années, ils pourront toujours se remettre dans le bains, les acquis ne disparaissent pas comme cela, mais issance se tarit avec le temps, car plus les années passeront, et plus de nouvelles informations viendront s'ajouter sur les anciennes, dominant tout ce que vous avez appris.

Je m'explique, vous avez un document très important sur votre bureau que vous avez pris le soin d'apprendre par coeur, au-dessus de celui-ci, vient s'ajouter un autre document complétement différent du premier, qu'il vous faut prendre connaissance aussi, ce sont des acquis.

Par la suite, un grand classeur se pose sur les deux premiers documents, des dossiers, des notes internes, vous devez tout connaître de ces dernières arrivées.

Vient un jour, lors d'une réunion, un client vous demande de lui parler du premier dossier. Vous recherchez vainement dans votre mémoire, mais vous ne trouvez pas, vous avez des bribes, mais peur d'informations à fournir, car entre temps, vous deviez prendre connaissance d'autres dossiers.

Voici ce qu'il s'est passé, les acquis que vous aviez eu, vous ne les avez pas revu et vous êtes passé à autre chose, en aucune occasion, vous n'avez éprouvé le sentiment de le ressortir, jusqu'au jour fatidique où l'on vous demande d'évoquer un sujet vieux comme Erode.

Pourquoi? Parce qu'il n'y a eu aucune continuité par rapport au premier document que vous aviez pourtant appris par coeur.

Autre exemple : Vous avez en face de vous un mur noir avec des motifs dessinés dessus, vous le regardez pendant des années jusqu'au jour où vous décidez de le repeindre en blanc avec une peinture de mauvaise qualité, la première couche sera grise foncée, la seconde sera gris moyen, la troisième sera gris clair, et la quatrième, grise encore plus claire pour finir avec un blanc cassé, il vous faudra beaucoup de couche de peinture pour tout recouvrir. Maintenant, vous vous habituez mur blanc, et vous aimeriez vous souvenir des motifs qu'il y avait afin de les reproduire sur ce mur. Cependant, impossible de vous souvenir avec exactitude où se trouvaient ces motifs, vous auriez dù, à chaque couche, dessiner les contours de ceux-ci afin d'en garder une trace visible.

Votre mémoire, c'est pareil, vous vous souvenez de tout à partir du moment où vous gardez une certaine

continuité. Quand votre attention est relâchée sur autre chose (un mur blanc), et que vous le regardez depuis des années, impossible de vous souvenir des motifs. Pour cela qu'il ne faut jamais rien considérer comme acquis et que la mémoire, cela se travaille.

La loi de la répétition

Nous avons tous en tête une chanson qui nous revient, certaines plus faciles que d'autres aux vues de leur longueur de texte, plus il est court, plus on la retient.

Pour ce passage, et en suivant l'actualité, ce que je m'efforce de faire, prenons l'exemple de la chanteuse Jaïn, elle ecrit des textes avec des mélodies qui restent gravées longtemps dans la conscience, la dernière en date s'intitule « *Alright* » dont les paroles et le rythme régulier s'imprègne aisément dans la mémoire, cela tourne en boucle « *Things gonna be alright, things gonna be just fine* ». En l'écoutant à peine deux ou trois fois, cela reste gravé, et il nous arrive aussi de fredonner. Le subconscient a accepté aisément cette musique non agressive de la par de la conscience qu'elle revient à tout heure de la journée.

Ce fut le cas de Patrick Hernandez avec le fameux « *Born to be alive* » ou le titre des Villages People « *YMCA* » dont les titres continuent d'être diffusés, et cela, depuis plus de quarante ans au moment où je pose cette ligne.

Juste pour vous démontrer qu'une information très courte, et répétée, nous revient plus facilement qu'une information plus longue, car elle ne demande pas un grand effort de mémoire, au comparatif de chansons à texte, nous nous en souvenons aussi, par la force de la répétition consciente. C'est justement cette répétition qui font que ces musiques soient acquises.

À cela, nous rajoutons la connaissance et la continuité, et vous avez les premiers ingrédients vous permettant de conserver un savoir, mais aussi, d'estimer qu'une chose vous semble facile, parce que vous savez en permanence.

Notre cerveau est un outil fabuleux quand nous savons nous en servir, il peut contenir des milliards d'informations à la seconde, je ne veux pas dire que ses ressources sont illimitées, mais plutôt qu'elles sont très vastes.

N'ayez pas de crainte à apprendre et d'augmenter votre savoir, entretenez et pratiquez tout ce que vous avez appris, ne lésinez pas sur la connaissance, même si au début, cela vous semble compliqué, votre subconscient acceptera mieux l'entrée de nouvelles informations si vous gardez une certaine continuité.

La connaissance nous ouvre les portes d'un monde infini, vous pouvez être tout ce que vous avez rêvé. J'en viens maintenant à la cinquième loi, celle de la pérséverance.

La loi de la persévérance

Je vais l'illustrer par cette petite histoire :

Il y a fort longtemps, dans une contrée lointaine, se dressait « la montagne des difficultés ». À côté d'elle, se trouvait un village où les habitants vivaient dans son ombre.

Personne ne savait ce qu'il se cachait derrière cette immense montagne, les villageois étaient comme sans vie, ils ne connaissaient pas l'enthousiasme, l'endroit où ils vivaient était synonyme de tristesse.

Un jour, l'un d'entre eux eu une vision, il imaginait des vastes plaines verdoyantes, baignant dans les rayons d'un astre lumineux, et elle se trouvait juste derrière cette montagne. C'était un jeune homme frêle, mais sûr de lui.

Alors, sans l'équipement approprié, il décida de s'attaquer à l'immensité de ce dôme de roche, il commença avec ce qui lui tombait sous la main, et il tapait sans cesse, nuit et jour, à coups de cailloux sur la façade. 5000 fois, 10000 fois, il continuait encore et encore....

Les gens du village le prirent pour un fou, et ils eurent pitié de lui, le regardant impuissants, néanmoins, ils lui apportèrent de

la nourriture et de quoi subvenir à ses besoins. Certains suppliaient d'arrêter, que cela ne servait à rien de s'acharner, la roche n'étant pas entamé d'un seul millimètre, pas une seule fissure, et pourtant, le jeune homme continua de taper avec des cailloux sur la montagne.

Les mois passèrent et il fut toujours à tenter de casser la roche, il devint robuste et ses coups devenaient de plus en plus forts, si l'on devait compter tous les coups portés dessus, ils se compteraient en millions et millions de fois, mais il continua malgré tout, comme si c'était son seul but dans la vie. Encore et encore, il frappa, et soudain, un bruit sourd se fit entendre, le sol se mit à trembler, cela provenait de la montagne des difficultés. Les habitant eurent peur et se refugièrent chez eux, mais ce qu'ils ne virent pas, c'est cette montagne qui donnait les premiers signes de fragilité, l'homme continua à porter des coups, et un dernier avant de quitter les lieux, estimant qu'il était temps de partir, et que celle-ci ne commence à s'effondrer sous un nuage de poussière.

Une fois le danger écarté, les habitants sortirent de chez eux, et découvraient pour la première fois un astre lumineux qu'ils nommèrent soleil.

Quand vous êtes lancé dans votre projet, rien ne doit vous arrêter, même pas les moments de découragements. Comme le jeune homme de cette courte histoire, n'abandonnez jamais! Même si les premiers signes ne sont pas visibles, chaque petit geste vous rapproche de votre but. Même une montagne de difficultés ne peut resister à des coups répétés, d'abord, elle se fragilise, des fissures ne sont pas encore visibles, mais elles y sont.

Dans vos moments de doutes, gardez votre cap, c'est le plus important. Peu importe tout ce que l'on peut vous dire, les habitants du village peu courageux vont toujours vous dissuader d'arrêter, n'écoutez que votre coeur, si je dois vous le rappeler, il s'agit de votre vie, et non celle des autres.

Retenez tout ce que je viens de vous citer et tous les ingrédients qui peuvent vous mener à la réussite, c'est-à-dire, l'équilibre, la connaissance, la continuité, la répétition et la persévérance.

Votre subconscient est comme une montagne à abattre, je n'ai jamais caché que ce serait difficile, ceux qui affirmeront le contraire vous vendent du rêve, mais il faut rester les pieds sur terre.

Quoi qu'il arrive, et selon votre niveau de difficultés, n'abandonnez jamais! C'est le lourd fardeau, le prix à payer pour accéder au succès.

Tous ceux qui sont parti de rien, et qui ont très bien réussi dans la vie ne l'on pas fait juste en claquant des doigts.

Il faut arriver à convaincre votre subconscient d'accepter les nouvelles informations fournies, lisez beaucoup, philosophie, histoire, géographie...... Il n'y a pas de petites ou grandes connaissances, il y a tout simplement des connaissances.

CHAPITRE 3 : VOTRE SUBCONSCIENT FACE AU MONDE EXTÉRIEUR

« Je remontais dans ma mémoire jusqu'à l'enfance, pour retrouver le sentiment d'une protection souveraine. Il n'est point de protection pour les hommes. Une fois homme on vous laisse aller. »
(Antoine de Saint-Exupéry)

Votre environnement

Votre environnement fait partie de vous, car vous évoluez avec, en effectuant les gestes du quotidien « métro, boulot, dodo », quand vous allez sur internet, quand vous allez travailler, quand vous faites vos courses, en fait, vous êtes tellement moulé dans cet environnement que vous faites les choses inconsciemment.

Il s'agit de votre quotidien et une routine qu'il vous sera difficile de vous adapter à un autre milieu, par exemple, si par le plus curieux des hasards, vous vous retrouviez sur une île déserte (on ne sait pas comment), ou en territoire sauvage, vous seriez perdu, loin de votre confort moderne, de votre télé ou de votre smartphone.

Bien loin des courses au supermarché, il vous faudra trouver que quoi subvenir à votre survie, et en dehors du fait que vous ayez visionné des documentaires ou lu des livres sur le sujet, le mettre en pratique est toute une autre histoire, il vous faudra improviser.

Si nous prenons le problème dans le sens inverse, le cas d'individus évoluant dans un environnement sauvage, il n'existera aucune référence dans leur subconscient à la technologie qui nous est propre, ils ressembleront à des enfants ébahis au moment de Noël découvrant leurs cadeaux, éveillant leur curiosité, mais aussi leur méconnaissance. Comment serait-il envisageable que des hommes et des femmes communiquent avec ce qui ressemblerait à un rectangle noir posé sur l'oreille ou les yeux rivés dessus?

Les mots « texto », « email », « Iphone » leur sont totalement étrangers, car cela ne figure pas dans leurs références issues de leur subconscient.

Mais avec le temps, ils apprennent à connaître ces mots et leurs utilités, car ils seront rentré dans un processus d'apprentissage inconscient, ces nouvelles informations vont se graver dans leur esprit, et une fois qu'ils auront goûté à notre technologie, il leur sera difficile de revenir à leur environnement d'origine, addicts de notre milieu social.

En revanche, ils seront toujours capables de survivre en milieu hostile, ceci étant un acquit de leur vie.

Les contrastes

En me promenant dans les rues de Cannes,
j'ai pu faire un constat surprenant.

À la télévision, nous ne voyons que strass et paillettes, il y en a, mais pas que ça. L'univers de Cannes m'a semblé très contrasté, en dehors de la croisette avec ses beaux hôtels et ses boutiques de luxe se trouve aussi la misère. Si vous avez un jour l'occasion de vous y rendre, à moins que ce ne soit déjà fait, en vous promenant, vous constaterez un écart social flagrant.

Des couples très bien habillés, la femme en tailleur Chanel et le mari en costume de chez Armani déambulant dans les rues parmi les pauvres gens qui faisaient la manche. Ma perception fut saisissante, me situant entre ces deux situations, entre riche et pauvre, le citoyen de la classe moyenne. Il en arrive à se demander comment percevrions-nous ces individus si l'on était d'un côté ou de l'autre de ces milieux sociaux.

Bien sûr, la richesse ou la pauvreté ne se liraient pas sur mon visage, fréquentant de grands hôtels, mais si j'avais leurs yeux, ma vision serait sans doute différente.

Notre entourage change avec le temps

Notre conception du monde change avec le temps, c'est comme regarder un adulte quand nous étions enfant, nous le voyons grand, et les personnes âgées semblent être plus jeunes en vieillissant, n'y faisant même plus attention.

Nous nous rendons compte des changements physiques de quelqu'un quand nous cessons de le voir pendant un temps, un voyage qui dure un an par exemple, puis au retour, vous voyez cette même personne, elle semble avoir pris dix ans. Notre subconscient était habitué à voir cette personne, entendre son timbre de voix, voir les traits de son visage, nous ne sous en rendons pas compte, car au fil du temps, notre vision s'habitue à ces changements, nous avions, sans nous en rendre compte, vieilli avec elle, et cela provoque un choc en vous disant « *elle a pris un coup de vieux!* ».

Les codes socio-culturels

Maintenant, supposons que vous ayez envie d'être riche (rare sont ceux qui n'aimeraient pas l'être, à moins que je ne me trompe), comment réagiriez-vous dans cette nouvelle situation?

À savoir, et ce n'est pas un mystère, que tout groupe social possède ce que l'on appelle « les codes » (vestimentaires, culturels ou autres). Nous avons tous un schéma culturel, quand nous nous levons, quand nous allons travailler, les fréquentations que l'on a, notre façon d'être et les endroits que nous fréquentons, etc..... Tout cet ensemble forme nos propres « codes ».

Il serait difficile de s'adapter à un milieu aisé sans en connaître les rudiments, en commençant par fréquenter ce milieu et apprendre de ses « codes ».

Imaginez maintenant ce que vous feriez si vous aviez en votre possession 1 million d'€uros. Étant issu d'un milieu de maigre fortune où la misère et les problèmes sont environnants, votre réaction serait de faire des dons à des oeuvres caritatives ou de placer cet argent pour le faire fructifier, mais concrètement, que feriez-vous si cela se produisait vraiment?

Par un beau matin, vous découvrez dans votre boîte aux lettres un courrier, celui d'un oncle très éloigné que vous en avez oublié l'existence (encore fusse-t-il existé), erreur ou pas de la part du notaire, vous ne vous posez même pas la question, votre nom figure sur le courrier après tout, vous vous empressez de l'ouvrir et là, c'est la douche froide.

Sur la dernière ligne, vous voyez de noté « somme dû : 1 million d'€uros », mais au lieu d'avoir une attaque cardiaque en plein milieu du hall d'entrée de votre immeuble, vos yeux se positionnent sur le corps du courrier et vous apprenez que votre oncle éloigné qui était décédé, vous a légué la somme de 1 000 000 €.

Par la même occasion, vous apprenez que vous avez aussi un oncle éloigné, la surprise est double.

Il s'en vient ensuite un très fort enthousiasme, vous avez même envie d'embrasser la concierge Mme Commère, dont je doute que l'envie soit d'humeur égal, à moins que je me trompe là aussi.

Que faire avec ce million d'€uros? Avant cela, votre âme généreuse s'était tourné vers les Restos du coeur, faisant de vous une mère Thérésa ou un l'abbé Pierre, vous aviez même prévu une retraite paisible au monastère du Luberon (quand moi-même j'aurais découvert s'il existe et où il se trouve), à vous lancer dans l'élevage de chèvres et préparer des fromages moulés (comme c'est mignon) ou vous aviez prévu de placer votre argent à la Radin Bank au taux d'intérêt qui tromperait même un touriste parisien en Haute-Savoie voulant manger des filets de perche sauce provençale dans un restaurant traditionnel.

En réalité, si un tel chèque vous arrivait, vous seriez sous le choc, pourquoi?

Ce chèque, vous l'avez! quelle serait selon vous la première des choses à faire ? l'encaisser? Pas sans prendre quelques précautions, laisser une trace? Une photocopie mise de côté ainsi que le courrier l'accompagnant? Acheter un coffre-fort et l'installer en plein milieu de votre studio de 20m² ? Cette somme ferait tourner des têtes. En fait, vous seriez tellement sous le choc que vous ne saurez pas par quoi commencer, l'information vous manque, en cherchant bien dans votre vie, une telle situation ne s'étant jamais produite. Dans votre tête, c'est la crise de 1929 ou le bug de l'an 2000, avec cette question fatidique « QUE FAIRE? ».

La connexion n'étant pas créé entre votre point d'origine et cette nouvelle information, vous êtes perdu.

Vos références se résument à manger des pâtes bolognaise quatre fois par semaine, cela n'a rien de comparable au menu proposé au Hilton cela va de soi.

Seule chose certaine, dans votre environnement actuel, vous avez la maîtrise, tous les éléments dont vous avez besoin sont dans votre subconscient, disposant de références par rapport à votre vécu, on ajoute un élément, vous seriez comme cet individu découvrant les téléphones portables et les Emails, c'est une nouvelle information qui sera traitée, au fil du temps, cette nouveauté fera partie de vous si votre esprit est prêt à l'accepter. Si tel est le cas, ces nouvelles technologies feront partie de votre subconscient.

La timidité et le bégayement

Maintenant que vous avez assimilé le principe « maître » du cheminement de l'information dans notre subconscient, je n'allais pas finir cet ouvrage sans évoquer ce qui provoque des troubles de la communication liée au conditionnement social et émotif.

La timidité, de ce fait, est d'un manque de confiance en soi, en rapport avec des événements vécu avec un groupe d'individus, cela provient de l'enfance, mais ceci peut se retrouver à l'âge adulte à cause d'un choc émotionnel. Le sujet à ce mal-être a été dans le passé victime de brimades, de menaces qui ont agressé leur psyché, alors, il ne communique pas ou peu de peur des réactions, et cela, peu importe l'individu en face de lui. Il a assimilé un schéma comportemental de manière généralisé et se fige de peur intérieurement.

Nous avons tous eu dans notre existence notre « gros Lulu », celui qui nous menait la vie dure avec sa bande, ce personnage, vous l'avez gravé dans votre subconscient, et dans votre vie, vous semblez croiser des « gros Lulu » partout, ou du moins, des individus vous le rappelant.

Vous voulez apparaître au grand jour, mais un astre occulte vos pensées, un souvenir émotif qui provoque en vous le doute, car vous avez peur des moqueries, d'être la risée, de ce fait, votre pouvoir créatif et vos opinions restent sous silence, errant à tout jamais dans l'inconscient (votre monde intérieur). Pourquoi? Tout simplement parce que vous avez assimilé comme vrai, tout ce que l'on vous a dit, que vous étiez nul, irréfléchi, bon à rien, mais en y croyant, vous ne faites que vivre la vie des autres, ou du moins, celle qu'ils ont décidé pour vous, mais à quel moment vous décidez pour vous-même? C'est votre vie, et c'est à vous de la construire.

Je vous rassure, si vous le désirez, cette situation n'est pas permanente, seulement si vous décidez de « lâcher prise » sur les événements troublants de votre jeunesse, et que vous créez une nouvelle perception du genre humain.

Ce qui se retrouve également dans le bégayement qui est un trouble de l'expression.

Vous voulez faire passer un message, échanger des opinions sur n'importe quel sujet, mais au moment de l'exprimer, l'ombre du gros Lulu fait sont apparition. Le bégayement est un trouble psychologique qui se passe en deux phases. En premier lieu, le sujet veut donner son opinion, au moment de l'exprimer, il se produit un blocage psychique, celui de la cause à effet. Votre fort intérieur anticipe la moquerie. D'un côté vous voulez dire les choses, de l'autre, votre subconscient freine cet élan en vous murmurant « *Attention! souviens toi du gros Lulu!* ».

Il y a un croisement de deux informations sortantes du subconscient, l'une expressive, et l'autre restrictive, tout comme si l'on appuyait sur l'accélérateur et le frein en même temps en vous demandant « est-ce bien ou est-ce-que ce n'est pas bien? ». Alors votre fort intérieur dit « *ok! Je me lance!* », d'un autre il se dit « *ok! Je reformule!* », une confusion mentale entre doute et courage, provoquant des sautillements locutifs.

Informations, l'égo et la perception

Au moment où vous déambulez dans une galerie d'art, vous tombez nez à nez avec une de vos anciennes connaissances, Victor Lotin le sus nommé, vous ne l'avez pas revu depuis le lycée.

Il vient vers vous, très enthousiasmé de vous revoir, mais cet engouement n'est décidement pas partagé, connaissant l'odieux personnage, d'une lourdeur sans précédent, toujours le premier à exposer sa science, il fait l'éloge d'un artiste en face d'une toile, vous l'écoutez, le pas tourné vers l'extérieur, cherchant désespérément une issue de secours pour fuir l'individu. L'empreinte est resté telle qu'elle dans vos souvenirs.

Les personnes peuvent changer autant qu'elles veulent, mais pas l'image donnée à une époque où vous vous êtes croisé, celle-ci, dans votre esprit, est resté la même. Il vous est nécessaire de vous adapter à ce nouveau comportement. Ce n'est pas impossible, mais des fois, cela met du temps, tout comme votre entourage doit s'adapter à vous, c'est ce qui s'appelle « l'effet miroir ».

Les croyances inculquées

Elles sont comme des serpents qui vous mordent et dont le venin envahit tout votre corps. Il détermine ce que vous êtes intérieurement, une personne démotivée, découragée, sans substance, car votre subconscient a accepté comme vrai tout ce qui a été dit dès votre plus tendre enfance, le point de départ de toute votre existence. Dans un autre contexte, si votre vie a été soutenue, encouragée, et boostée un maximum, votre esprit sera orienté vers la réussite, dans ce cas, si personne ne l'a fait pour vous, alors, faites le pour vous-même, vous savez ce que vous valez intérieurement, selon ce que vous croyez, le subconscient vous donnera un cap, une direction à suivre par la force de la conviction qui s'ancrera en vous.

Si par exemple, vous allez voir une voyante, et qu'elle vous dit que vous deviendrez riche, célèbre, et que vous rencontrerez l'âme soeur, fort peu probable que cela se produise, car votre subconscient est conditionné autrement, cela aura un effet négatif, car au fond de vous même, c'est très contradictoire avec ce que vous avez assimilé dans votre for intérieur.

En revanche, si vous revenez la voir pour dire que tout ce qu'elle a prédit n'a pas fonctionné en faisant un scandale en plein milieu de sa salle de consultation, elle va proférer des menaces de mauvais sort, que votre vie ne sera que misère et solitude. Vous aurez à l'esprit cette idée de mauvais sort.

Vous serez tenté d'y croire au fond de vous même, car pour le subconscient, tout vous semblera cohérent, en d'autres termes, vous créerez votre propre malheur, et c'est tout ce que vous aurez assimilé et cru qui donnera de la force à cette malédiction. Encore plus si par exemple, vous glissez sur un sol mouillé, manquez de recevoir un pot de fleur sur la tête, ou croisez un chat noir qui ne sont en fait que des événement qui peuvent arriver dans la vie courante, mais qui renforceront la croyance d'une malédiction.

Tout ce qui se produit au dedans de votre être, se matérialisera en dehors, vous ne faites qu'un avec l'univers qui vous entoure. Ce qui donne de la force à la malédiction, ce sont vos croyances, le fruit de votre subconscient. Vous attirez vers vous tous les malheurs que vous pensez selon la loi de l'équilibre.

Pour sortir de cette spirale, il vous faudra réorienter vos pensées sur des croyances plus saines, sur les richesses du monde et sur la prospérité.

Votre vie change quand vos croyances changent, vous n'êtes victime d'aucun sort, sauf du fruit de votre subconscient.

Quand une tuile vous arrive, un pneu crevé, un distributeur de boissons qui bloque, et d'autres événements similaires vous poussent à vous dire « je n'ai pas de chance », cette affirmation attire en effet la malchance. Ne conditionnez plus votre esprit vers le malheur et réorientez le vers le bonheur, vous ne vous en porterez que mieux. Les problèmes arrivent, mais ne durent qu'un instant si vous n'y prêtez pas d'importance.

Quand vous pensez de manière positive, les bonnes choses arrivent dans votre existence, vous attirez vers vous ce à quoi vous pensez.

Vous n'avez pas encore conscience du potentiel qui se cache à l'intérieur de vous, en fait, le cerveau est un énorme générateur qui façonne toute notre vie, il possède des pouvoirs immenses dont celui de la créativité. Il fonctionne avec tout ce que vous pourrez lui fournir, ses réserves sont infinies.

Si vous tombez, relevez-vous et continuez d'avancer, faites « d'énormes » petits pas pour cela, car quoi que vous fassiez en direction du but ultime (votre réussite), que ce soit par des petites choses ou des plus grandes, votre objectif est déjà moins loin que la veille.

CHAPITRE 4 : L'ÉVEIL DE L'INCONSCIENT

« On veut toujours que l'imagination soit la faculté de former des images. Or elle est plutôt la faculté de déformer les images fournies par la perception, elle est surtout la faculté de nous libérer des images premières, de changer les images. »

(Gaston Bachelard)

L'imagination

Notre cerveau est un outil merveilleux, il nous permet de ressentir des émotions en rapport avec nos cinq sens, d'enregistrer des informations, de faire des synthèses avec celles-ci, mais au-delà de ça, il nous donne un fabuleux pouvoir, celui de l'imaginaire qui nous permet de nous réinventer ou de nous sentir bien quand les événements extérieurs nous font souffrir.

Il se sert des éléments déjà existant dans notre subconscient afin de construire de nouvelles situations dans un monde irréel, des images qui façonnent nos rêves, car le sentiment recherché est le plaisir.

L'inconscient, c'est notre monde, une bulle protectrice l'enveloppe pour ne pas dévoiler le moindre de nos pensées, et le subconscient sert de soupape puisque, bien entendu, il contient des informations nous permettant de les révéler ou non, c'est le juge de nos pensées.

Par exemple, actuellement, j'écris un livre, et mon imagination se construit dans mon inconscient, le conscient quant à lui donne les informations extérieures et le subconscient les traite en faisant une retranscription dans le monde réel (l'écriture).

Le subconscient fournit les idées à l'inconscient, issues d'anciennes informations, il donne de la matière à mon imagination. C'est comme un jeu de construction, plus vous donnez d'éléments, et plus l'objet ou la pensée que vous voulez extérioriser se fera précis.

Vous vous souvenez quand vous jouiez au Légo? Vous prenez un cube (nouvelle information) et essayez de le combiner avec un rectangle déjà en votre possession (ancienne information), ce qui donne une nouvelle forme qui sera évocatrice. Nous pouvons imaginer un bus, un train, ou une voiture, c'est selon ce que le subconscient fournira à l'inconscient.

C'est par l'inconscient que se construisent les mensonges ou que l'on s'invente une vie que nous n'avons pas, mais si l'on arrive à convaincre son subconscient que cette fausse existence est la nôtre, il finit par l'accepter.

L'inconscient, s'il n'a pas le pouvoir de construire, il peut s'avérer destructeur, par exemple quand un chef de service vous agace, dans votre imaginaire, vous avez envie de le taper (honnêtement, qui n'y a jamais songé?), mais aussi, cet univers factice peut à la longue devenir sa propre réalité, c'est ce qu'il se passe avec les psychopathes, les traits de caractères commencent à ressurgir dès que le subconscient accepte les données et que les jugements de valeurs sont noyées dedans. Au début, cela se caractérise par un sentiment de confusion.

La moralité qui vous a été enseigné dans votre enfance vous empêche d'agir, et d'un autre côté, de nouvelles informations créées sous forme de stimulus neuro-associatifs, créant une réalité alternative dans l'inconscient. Cela semble si réel et tellement détaillé que la confusion mentale se créé.

Le référencement mnémotechnique

On appelle la mnémotechnique un point référent aidant à faire le rapprochement entre l'objet présenté et notre subconscient.

Cela peut être sur la taille, la forme, sur la couleur ou sur la fonction par exemple, nous associons l'extincteur à son utilité d'éteindre un feu, de teinte rouge et d'une certaine grandeur, il peut être à eau ou à poudre, dans le deuxième cas plus petit.

La mnémotechnique nous sert aussi à se repérer dans l'espace, c'est-à-dire un lieu. Nous nous dirigeons dans une ville grâce à des enseignes, des panneaux, des bâtiments, des arbres. Leurs formes et couleurs sont tout de suite évocatrice, quand vous demandez votre route à quelqu'un, il vous indique la mairie, la poste, l'église, etc...... Ce sont des données que nous connaîssons tous et il ne vous reste qu'à retrouver les formes évocatrices de ces bâtiments.

La mnémotechnique fonctionne aussi quand vous devez retenir un mot, si vous vous souvenez quand vous étiez enfant, pour mémoriser le mot « chameau », vous deviez composer le mot « chat » avec « mot », cela provient de vos anciennes références, vous l'utilisez encore pour apprendre les langues étrangères, en cherchant un terme rapprochant, par exemple, en anglais, pour dire la couleur verte, on emploie « green », on pense à la couleur de la pelouse d'un parcours de golf.

Notre pouvoir de créativité est sans limite et provient de l'hémisphère droit de notre cerveau, il s'agit de notre monde intérieur où réside l'imaginaire. C'est ici que sont fabriqués les rêves et les idées grâce aux informations recueillies par la conscience, et les informations retenues par notre subconscient.

En phase de sommeil profond

Le subconscient reste très actif, mais ne communique plus directement avec la voie consciente, en fermant les yeux, vous fermez les portes menant au monde externe, et le subconscient prend le relais. Les connexions neuronales menant vers votre environnement extérieur sont interrompues.

Dès lors, vous vous trouvez dans votre bulle, les souvenirs logés dans votre subconscient communique avec votre esprit créatif, nous menant dans un monde idéal, d'après les informations recueillies pendant votre journée de travail par exemple.

Lorsque j'étais plus jeune, les enseignants nous recommandaient d'apprendre les leçons plutôt le soir. Il a été constaté il y a plusieurs années que les élèves qui révisaient la veille avaient plus de chance de réussir leurs examens que la plupart des élèves préférant jouer aux jeux vidéo, regarder les films à la télévision le soir ou jouer au foot dehors, et ces mêmes avaient la mauvaise habitude d'étudier le matin.

Ce qui eut pour conséquences que, certes, la leçon était apprise, mais inscrite temporairement dans le subconscient, car celui-ci ne s'était pas adapté à un changement notable dans la banque des souvenirs, les effets se sont fait ressentir lors d'examens blanc, en proie à des trous de mémoire, et cela même si des indices de réponses étaient dans la question du sujet.

En effet, l'assimilation de nouvelles informations ne peuvent se faire que sous deux conditions, le niveau d'implication sur le sujet, c'est-à-dire, si l'élève s'intéresse ou non à ce qui lui est présenté, que ce ne soit pas juste un texte ou une formule mathématique à connaître par coeur, son esprit doit être en permanence curieux de tout, du pourquoi utiliser telle formule, de comment l'appliquer. Mais aussi, l'apprentissage est régi par la loi de la répétition, si les connexions neuronales sont comme des lignes électriques, une seule impulsion ne permet pas d'allumer une lampe, l'esprit ne sera pas « éclairé ».

Vous imaginez, la mémoire ne peut retenir plus de 10% de ce qu'il se passe dans une journée, difficile de se rappeler chaque mot prononcé, lieux visités ou le visage de quelqu'un que vous voyez pour la première fois, la conscience a besoin de fournir des détails à votre subconscient qui a besoin de se rassasier, si vous ne le faites pas, il va se produire la même chose que quand on ne nourrit pas son organisme, il va maigrir et deviendra faible, incapable de « soulever des livres », les données devenant de plus en plus techniques, surtout dans la société actuelle en proie au progrès.

Le plus dangereux aussi est de laisser son esprit sans entraînement, par exemple, s'il y a quelque temps de cela, vous aviez étudié les mathématiques, à l'époque, cela semblait plus facile que maintenant, vous souvenez-vous comment on applique une règle de trois? Le carré de l'hypoténuse? Les équations du 1er et second degré? Repenchez-vous sur un livre de mathématiques, vous seriez surpris de ce que vous avez perdu en connaissances.

Certains diront que les mathématiques ne servent à rien dans le monde actuel, je répondrai la même chose que de nombreux professeurs vous diront sans doute, qu'ils servent à entraîner son cerveau et maintenir un esprit logique.

Dans mes anciennes professions de magasinier, il m'a été utile d'appliquer des additions, des soustractions, des multiplications, notamment, je me rappelle avoir utilisé plusieurs fois la table de 9 quand je devais mettre des produits sur palette.

L'instruction et l'entraînement fera de vous quelqu'un de meilleur, car ce qu'il se passe au dedans se perçoit au dehors, et il est normal que certains individus semblent idiots, car ils croient avoir acquis assez de connaissances, mais celles-ci sont peur appliquées, ni par l'entraînement, ni dans la vie courante où des situations nous mènent à les utiliser.

Le conscient joue un rôle majeur, il permet de fournir les nouvelles informations en faisant des combinaisons neuro-associatives, il se met en sommeil lorsque l'information est déjà connue. Le point de jonction se fait dès lors entre esprit inconscient et esprit subconscient, ce qui est un peu traitre, car en avançant dans la vie, en ayant juste ce point référent, il peut être édulcoré, transformé par notre inconscient, ce qui démontre aussi que le subconscient peut-être reprogrammé par les situations de la vie courante, vous êtes resté le même qu'il y a plusieurs années, mais avec de nouvelles pensées, imaginez-vous il y a 20 ans, vous voyez vous encore étudiant? Dans une salle de classe? Arrivez-vous encore à ressentir les émotions que vous avez ressenti en entrant en salle de cours? Difficilement, car vous vivez dans votre environnement actuel, et non celui du passé. Votre subconscient a reçu de nouvelles instructions.

Si je reprends l'exemple de la leçon à apprendre, si elle se fait de manière robotisée, on donne de la matière à notre esprit subconscient sans que l'information ne soit traitée ni par les stimulus neuro-associatifs, ni par nos émotions.

Quand vous apprenez un texte en anglais, vous le faites par association avec un équivalent en français de chaque mot.

Par exemple, si vous deviez traduire « The cat eat the mouse » de la langue anglaise à française, vous le faites comme ceci:

THE | CAT| EAT|THE|MOUSE
Neuro-association
LE|CHAT|MANGE|LA|SOURIS

L'information traitée dans le subconscient le gravera dans vos souvenirs, peu après ce traitement de l'information, tout semblera naturel pour vous, ne récoltant que les données déjà recueillies.

C'est pour cela, et pour en revenir à la phase de sommeil profond, il est mieux d'apprendre une leçon la veille, car c'est durant la phase de repos (interruption avec le monde extérieur), que l'inconscient fait sa petite sauce des ingrédients du subconscient, elles peuvent se combiner entre elles sans un ordre cohérent, créant des mondes fantastiques.

Le cerveau est un outil merveilleux, je le disais plus haut, car il a cette capacité à prendre l'information, la valider, puis à la retranscrire dans l'inconscient, et de la faire valider par le subconscient, soupape de nos pensées. C'est l'inconscient collectif qui a permis de connaître le monde dans lequel nous vivons, les grandes inventions de personnages de l'histoire qui nous ont permis d'évoluer et qui nous ont ouvert les portes d'objets qui nous servent au quotidien, sans l'invention de l'imprimerie, nous en serions encore aux manuscrits.

Archimède, Galilée, Léonard de Vinci, Newton, Thomas Edison, tous ont apporté une contribution au monde grâce à leur esprit de créativité, ayant appris à ne jamais renoncer dans l'intérêt collectif.

Toutes les grandes inventions ne sont pas apparues toutes seules, et provienne d'un seul et même endroit commun à tous, notre cerveau.

Que se serait-il passé si les grands créateurs de ce monde n'avaient reçu aucune instruction? Sans doute ne liriez vous pas ce livre, internet n'existerait pas, car je m'en sers pour me faire connaître sur les réseaux sociaux. Comprenez bien ceci, votre plus grande richesse est en vous, ce que vous en ferez ne dépend que de vous, nourrissez votre subconscient, entretenez le, donnez lui de la matière sur laquelle il puisse travailler avec votre inconscient, vous êtes votre propre créateur, celui de votre destiné.

Cette vérité est universelle, retenez la bien! VOUS DEVENEZ CE QUE VOUS PENSEZ! pour reprendre les propos de Descarte « *Je pense donc je suis!* ».

Non pas seulement dans sa manière de penser, mais aussi à ce que vous voulez comment les autres pensent de vous! De comment vous voulez être perçu et de la manière dont vous vous percevez vous-même!

Les dérives de l'inconscient

Si l'inconscient peut construire, il peut aussi détruire, la perception du monde est altérée, les interactions avec le monde extérieur sont dans le négatif, comme je l'ai expliqué, ce qui provient de l'intérieur « transpire » vers l'extérieur, par les gestes, expressions du visage, et par les propos incohérents prononcés, les individus souffrant de pathologies psychologiques on une mauvaise interprétation du monde extérieur, percevoir tout le monde comme des ennemis, de vouloir les dominer.

Voici une histoire qui m'a été raconté récemment. Cela s'est produit il y a quelques années de cela pendant la période de Noël à New-York, Une grande galerie commerciale avait ouvert ses portes pour les fêtes, et des familles abondaient dans les couloirs, allant de boutiques en boutiques. Tout à coup, ils entendirent comme un coup de tonnerre, la plupart des clients ont sursauté car ils ne s'attendaient pas à un tel vacarme. Puis une seconde détonation. La peur gagna dans la galerie, des cris de terreur se firent entendre, les personnes présentent dans l'édifice étaient paralysés par la peur, d'autres fuyaient et cherchaient une cachette.

Un policier était présent, le seul dans cette foule paniquée, il n'était pas en service, mais avec son épouse pour faire les boutiques. Heureusement pour lui et pour les clients terrorisés, il avait gardé son arme de service et son insigne.

Il était situé à l'étage supérieur de la galerie, caché derrière un poteau, près du garde-corps et jeta un regard juste au-dessous de lui. Il vit un homme armé d'un fusil à pompe qui tirait sur tout ce qui bougeait, aussi bien les gens qui couraient que sur les rideaux qui ondulaient.

Des vigiles étaient à terre, morts ou vivants, personne n'osait aller vérifier, car le tireur fou était à proximité.

D'un coup, les yeux de l'homme au fusil se levèrent en direction du policier, et tira un coup de feu en sa direction, qui atteignait le poteau où il se cachait. Le policier appela les renforts qui tardaient à venir, s'ensuivait des échanges de coups de feu dans la galerie, jusqu'à ce les forces de l'ordre arrivent enfin, trouvant sous leurs pas un carnage.

Ils finirent par trouver et abattre le tireur fou. Des ambulances étaient sur place et les blessés pris en charge. Beaucoup de personnes ayant subi un choc psychologique ont eu du mal à se remettre d'une telle épreuve, et sont encore victimes de ce tireur fou. Ils suivent actuellement des thérapies pour oublier ce douloureux passage marquant.

Que s'est-il passé dans l'esprit de ce tireur fou et qui était-il?

Je n'en ferai pas l'éloge, vu le drame humain que cela a engendré, son esprit était déconnecté de la réalité, sa conscience altérée et son imaginaire (l'inconscient) sortait complètement de son environnement interne. Ce qu'il voyait provenait de son imagination, validé par le subconscient.

Cet individu jouait beaucoup aux jeux vidéo, et ce monde virtuel était devenu sa réalité, il était plongé dans un autre univers. son inconscient contrôlait ses actes.

Autre cas de figure, toujours dans des circonstances troublantes. En Californie, un couple vivait en harmonie depuis plus de dix ans.

Du jour au lendemain, le mari donnait des signes de troubles psychologiques, il tenait des propos incohérents, soi-disant que son beau père voulait le tuer et qu'il aurait violé ses enfants. Son épouse commençait à avoir peur de son conjoint qui la menaçait par des cris au début, il insistait sur le fait que tout ce qu'il disait était vrai jusqu'à réussir à semer le trouble dans l'esprit de son épouse.

Ils ont tou deux porté plainte contre le père de la conjointe pour menaces de mort et attouchements sur mineur, entraînant la condamnation de ce dernier qui s'en trouvait surpris de telles accusations, se défendant d'être innocent.

Peu de temps après, le conjoint voulant en rajouter un peu plus à sa démence, tenta de convaincre sa femme qu'elle a été elle aussi violée par son propre père. Il insista et la battait jusqu'à quand elle finit par accepter ses propos incohérents de peur d'être rouée de coups, mais au fond d'elle-même, elle garda toute sa lucidité, mais que faire devant un mari devenu complétement fou?

Peu de temps après, celui-ci raconta que son père était un ancien espion russe et qu'il avait envoyé des hommes pour l'abattre, il s'était barricadé dans sa maison, et demanda à sa femme d'aller chercher le courrier à sa place, de peur qu'il y ait un sniper dissimulé.

Un jour, le conjoint sortit du domicile conjugal, fit quelques pas et se tira une balle dans la jambe. Sa femme accourut et le rentra à la maison. Le mari voulait démontrer qu'il avait raison, et qu'un tireur embusqué lui avait tiré dessus.

Une enquête avait révélé que la balle a été tirée à bout portant, ce qui laissa les enquêteurs perplexes, l'un d'eux pris la femme à part pour la questionner, et demanda si cela se passait bien avec son mari. Elle ne put répondre à sa question que par un mensonge, ayant peur des réactions de la personne avec qui elle partageait son toit.

Mais cette situation se renversa un jour, le conjoint obligea toute la famille à quitter les lieux pour fuir les tirs des snipers. Tous préparèrent leurs valises et montèrent dans la voiture. L'homme demanda de les conduire jusqu'au domicile d'une de ses amies, mais celle-ci ne connaissait pas l'adresse, alors ils tournèrent en rond dans toute la ville. Le conjoint perdit patience et s'arrêta. Il sortit un des enfants et l'obligea à se mettre à genoux ; il prit son arme et le braqua sur la tempe de son propre fils.

La femme prise de panique essaya de le convaincre de se calmer et qu'elle l'aiderait à trouver l'adresse de son amie. Elle l'invita à se calmer et à rentrer à la maison, pour se faire, elle rentrait dans son jeu en disant que des hommes armés l'attendaient au lieu de destination, et que l'endroit le plus sûr pour l'instant était leur domicile.

Ils rentrèrent et la femme continua à faire croire à son mari qu'elle le comprenait. Elle lui annonça qu'elle allait voir la police pour porter plainte contre son père pour le « soi-disant » viol qu'elle a subit étant enfant, et pour les tentatives de meurtre, mais que pour l'instant, il devait rester caché, car il y a encore des tireurs dehors.

Le stratagème fonctionna, et la femme se rendit directement au commissariat de police, pour voir l'un des enquêteurs qui avait des soupçons par rapport à son conjoint. Elle lui raconta les faits, les états de démence de son conjoint, les violences conjugales, l'innocence de son père, l'enquêteur pris sa déposition et essaya d'en savoir un peu plus sur son époux.

Peu de temps après, il fut arrêté pour violences conjugales et condamné à une très lourde peine, le père de l'épouse fut lavé de tout soupçons.

Cette histoire laissa des séquelles, non seulement par rapport à la femme qui a suivi une thérapie peu après cela, mais aussi, vis-à-vis des enfants et de l'entourage ayant assisté impuissants aux hallucinations du conjoint.

Que s'est il passé dans ce cas précis? Cette histoire a des similitudes psychologiques avec celle du tireur fou. Ils se sont tous les deux créé un univers, et leur monde intérieur était devenu leur monde extérieur, les connexions neuro associatives se sont faites entre le subconscient et l'inconscient qui faisaient une réinterprétation du monde extérieur. Ce qui fut à l'origine de leur démence.

Une perversion narcissique

Ce que nous appelons perversion narcissique se résume par un besoin constant de vouloir dominer les personnes et les événements, tout comme les deux histoires que je viens de vous raconter. L'être narcissique est en général une personne faible intérieurement et recherchent un idéal de vie qu'il voudrait mener, alors ils s'inventent une vie. Il est détaché du réel que fournit la conscience, il ne pense pas, il interprète par la voie de l'inconscient, se créant une vérité truquée.

Cet individu en veut toujours plus, être meilleur que les autres, au sommet de la réussite, et sa force, il la puise en rabaissant les autres, et ne reconnaîtra jamais ses limitations et son ignorances. Il réinvente l'histoire de leur vie en un peu plus édulcorée. Tout ça pour que l'on s'intéresse à sa petite personne, faible intérieurement.

C'est une maladie que je considère comme quelque chose de dramatique, l'individu finit par se retrouver seul, car tout le monde cherche à le fuir, alors, il y a deux options possibles, soit il se suicide, soit il se fait comprendre autrement par des intentions plus violentes, car il a ce besoin irrésistible que l'on s'intéresse à lui.

CHAPITRE 5 : VIVRE EN HARMONIE AVEC SON UNIVERS

« Être bon, c'est être en harmonie avec soi-même. La discorde, c'est être forcé à être en harmonie avec les autres. »
(Oscar Wilde)

L'intérieur «transpire» vers l'extérieur

Tout ce qui nous entoure constitue notre univers, il est le même pour tout le monde, sans distinction de milieux sociaux ou culturels, la terre continuera de tourner, la nuit succédant au jour, nous respirons tous le même air, buvons la même eau, et la plupart des personnes les plus puissantes de ce monde ont le même groupe sanguin que vous. Il s'agit de l'environnement dans lequel vous évoluez et vous en faites partie.

Aussi, vous êtes composés des mêmes éléments de cet univers qui est une multitude d'électrons, de protons et de neutrons, d'un point de vue atomique, vous faites partie de cet environnement. Cela ne changera pas avec le temps, les composants de ce monde prenant simplement une autre forme, soit solide, soit liquide, ou vaporeux, ce qui composera un élément sera toujours formé d'atomes, de structure différente, mais toujours avec des électrons, des protons et des neutrons.

Ce même univers est composé en deux mondes, l'un est à l'extérieur, ce que nous voyons, touchons ou entendons, fait partie de celui-ci, ce sont les informations «entrantes». Puis il y a 'autre, situé à l'intérieur de nous-même qui intérprète selon les informations les plus anciennes, soit par la voie consciente, soit issu de l'inconscient, et il y a point de jonction entre les deux, une combinaison comme imbriquer deux cubes de Légo entre eux, et qui formeront les informations «sortantes».

Le premier est commun à tous les mortels, un riche verra la même forêt que vous, admirera les étoiles, et respirera le même air. Cependant, on vous a inculqué des croyances et des notions de valeurs dès votre plus jeune âge, vous avez appris ce qu'était l'argent et l'abondance sous une certaine forme, que posséder des millions d'€uros est synonyme de richesse et qu'il vous était impossible d'atteindre cet objectif, car vous étiez issu d'un milieu modeste. Par contre, si un individu baigne dans un milieu aisé, il préservera un sentiment d'abondance, il aura tout ce qu'il désire de la vie, aura le privilège de faire de longues études dans de grandes écoles, sa perception sera différente de la vôtre, et pourtant, l'univers est exactement le même d'un point de vue atomique.

Cela a fait écho dans votre subconscient, vous donnant le sentiment d'un objectif lointain, presque impossible à atteindre, et durant votre scolarité, il vous a murmuré « *À quoi bon? Tu n'y arriveras jamais!*», en regardant au-dessus de vous, et songeant que nous n'avez pas tout ce que le fils d'une personne aisée possède, votre esprit baignera dans «*le manque*», doutant de votre propre valeur.

Alors, je vous répondrais que nous avons tous exactement la même valeur dans l'univers, ce qui change, c'est l'interprétation que nous en faisons par rapport à nos croyances, issues de notre monde intérieur, de la manière dont nous le construisons par rapport à celles-ci.

Prenons par exemple un verre d'eau contenant la moitié du liquide, celui-ci représente l'univers, d'ailleurs, il en fait partie. Une personne vivant dans l'abondance verra toujours le verre à moitié plein et se contentera de ce qu'il a, il sera dirigé en hauteur pour voir ce qu'il se passe en bas, et il verra du liquide (objectif atteint). Alors que celui qui baigne dans le manque verra toujours le verre à moitié vide, il sera dans l'attente d'en avoir un peu plus, il sera placé en bas, et son regard sera dirigé vers le haut, alors, il ne verra de l'air (objectif non atteint). L'un possédant les deux éléments, et l'autre n'en disposant que d'un seul (l'eau) et voulant obtenir le suivant (l'air).

Si le monde extérieur est le même pour tous, celui qui se trouve à l'intérieur de chaque individu diffère, chacun aura sa propre perception, créant ainsi des croyances, les unes limitantes, et les autres orientées vers le progrès.

Vous ne pouvez pas être riche, vous l'êtes déjà!

Quand vous comprenez que vous ne faites qu'un avec tout l'univers, vous êtes déjà très riches, cependant, on vous a inculqué des fausses notions relatives aux valeurs. Pour certains, être riche, c'est posséder de l'argent, pour d'autres, c'est vivre de tout ce que la terre leur fournit.

Comme il est écrit dans la bible *«Ce que vous demandez à Dieu, sachez que vous l'avez déjà obtenu»*, *«Avant même que vous appeliez, Dieu vous aura déjà répondu»*, en effet, on se sent riche quand nous savons nous contenter de ce que nous avons, et de pouvoir apprécier tout ce que peut nous fournir la terre en abondance. *« Dieu donne et en abondance»*, seulement, il faut savoir regarder là où il faut, les saines écritures nous l'expliquent très bien, je pourrais citer de nombreux passages sur le sujet, mais le mieux n'est il pas de lire la bible soi-même? *«Si votre foi est aussi grande qu'un grain de moutarde, tout est possible! »* *(Évangile selon Saint Mathieu).*

En prenant compte ce fait dans notre vie, alors nous suivons la bonne direction, la route menant vers l'abondance et la réussite. Appréciez tout ce que l'univers vous offre, dès que votre sentiment sera orienté vers l'abondance, alors, l'abondance viendra à vous, autrement, il est impossible d'obtenir autre chose que le monde pourrait vous fournir si déjà vous n'appréciez rien de ce que vous possédez. Alors, *«Aide toi et le ciel t'aidera!»*, vous disposez à l'intérieur de vous-même un immense pouvoir qui ne demande qu'à « transpirer » vers l'extérieur, celui de la décision.

Le pouvoir secret en chacun de nous

Si notre esprit avait le pouvoir d'attirer à nous tout ce que nous désirons, ce serait fabuleux non? Certain ont déjà essayé, mais ils ont affirmé que cela ne fonctionnait pas, car ils ont fait un mauvais usage de la loi de l'attraction.

Au fond d'eux même, ils avaient l'intime conviction que cela ne fonctionnerait pas, et c'est exactement ce qu'il s'est produit, trop d'attente de la part de ce pouvoir, croyant que tout viendrait comme par magie, les bras croisés à avoir juste des pensées positives, ce qui leur a manqué, c'est l'interaction avec le monde extérieur. Ils n'avaient dans leur subconscient que des pensées de manque et de privation, invoquant de vaines espérances.

Heureusement pour vous, et grâce à ce livre, vous aurez le cocktail secret d'une vie heureuse et réussi, et cela gratuitement (en dehors du prix du livre, cela va de soi, qui n'est pas excessif non plus).

Notre univers régit par un magnétisme naturel, avec une polarité positive et négative, tout comme il y a un Pôle Nord et un Pôle Sud. Si vous prenez un aimant et que vous frottez une aiguille à coudre avec et que vous le posez sur un bouchon de liège, lui-même déposé dans un bol d'eau, il indiquera le nord, la plupart ont déjà fait l'expérience en cours de physique quand vous étiez à l'école.

Chaque élément qui constitue notre monde fonctionne par ces mêmes règles d'un point de vue atomique, même tous les atomes qui constituent notre corps, et notre manière de penser, de voir le monde, et de considérer les événements disposent d'un magnétisme naturel.

Tout ceci créé une harmonie avec l'univers, certains éléments s'attirent, alors que d'autres se repoussent entre eux, que ce soit dans le visible ou l'invisible, le physique ou le spirituel.

Notre manière de penser créé un magnétisme sous forme d'une aura qui peut être bienfaisante ou malfaisante, et elle se dégage en chacun de nous, attirant ou repoussant selon les traits dominants.

De ce fait, votre monde intérieur est le reflet de votre monde extérieur que ce soit dans la façon de voir son environnement, de comment nous le ressentons et des interactions que nous faisons avec les autres individus.

En reconsidérant bon nombre de vos pensées orientées vers le positif, le positif viendra à vous. Quand vous songez à l'abondance, c'est-à-dire, quand vous estimez ne manquer de rien et que tout est à votre disposition, vous êtes heureux avec ce que vous avez, et cela se propage à l'extérieur de vous-même. Votre vie actuelle que vous voyez comme pauvre le restera tant que vous n'aurez pas reconsidéré votre univers.

Vos attentes et vos désirs deviendront réalité si vous commencez à apprécier ce que vous avez déjà, le plus important, la vie, le pouvoir d'agir, interagir, de voir, d'entendre, contempler un paysage est le plus beau des trésors, le monde en lui-même est une richesse.

Vivez l'instant présent avec l'intime conviction que nous pouvons y arriver, et cela, même si rien autour de nous n'y prédispose. Il s'agit de changer son état d'esprit, et de concevoir les événements extérieurs comme passagers. Derrière les nuages se cache toujours le soleil. En gros, vous devez relativiser tout ce qu'il se passe dans votre vie de manière positive. Tout ce que l'on a pu dire dans votre jeunesse et votre vie, vous devez en tirer les leçons. Par exemple, se dire que tel individu qui s'est montré très dur avec vous n'a fait que vous rendre plus fort, cela vous a endurci, et c'est dans cette richesse qu'il faut puiser, votre capacité d'encaisser les coups, de ne pas fataliser sur les situations de votre existence, pour preuve, vous me lisez, cela veut dire qu'en vous, il existe une réserve inestimable que vous voulez exploiter.

Prenez un point fixe que vous voulez atteindre, il s'agit de votre objectif, et dans votre coeur, vous devez rester convaincu d'y arriver coûte que coûte, peu importe le temps que cela mettra, rien ne doit vous détourner de votre chemin vers la réussite.

Au travers de ceci, il faut projeter une vision dynamique de vos pensées, aller dans le sens de la concrétisation. C'est-à-dire de se servir de son imaginaire (son monde intérieur) pour le déplacer dans le réel (le monde extérieur), et cela, dès maintenant, sans procrastiner, même s'il s'agit d'une ébauche, de quelques mots sur un bout de papier. Mais il vous manque l'essentiel, «l'information», pour cela, tout est à votre disposition ici et maintenant, sur internet, dans les documentaires à la télévision, dans les livres, allez toujours à la recherche d'éléments, de matière sur laquelle travailler.

Et surtout, ne jamais se dire que nous en savons assez tant que l'objectif n'est pas atteint (et même après), nous n'en apprenons jamais assez.

L'esprit doit s'habituer à tous ces changements dans votre vie, en apparences, ils ne seront pas visibles au début, et progressivement, par de petits signes extérieurs, vous verrez que vous êtes sur la bonne voie.

Pour ce qui est des «cycliques», comme expliqué dans mon premier livre, nous sommes tous dépendant de deux cycles, l'un positif et l'autre négatif, et de ce fait, nous vivons dans le même monde, mais avec une perception différente de celui-ci.

L'environnement répondra par résonance avec ce que nous sommes, c'est-à-dire, si vous pensez négativement, les événements extérieurs le serons également, de par vos paroles, vos pensées et votre attitude envers la vie en général, vous pensez ne pas être capable de faire quelque chose, même si vous essayez, la réponse psychologique sera que vous serez incapable d'agir, vous serez maladroit, peu entraîné, alors vous abandonnerez. Si vous pensez que tout le monde vous en veut, cela se verra par rapport à votre comportement et les traits de votre visage, on aura tendance à vous fuir. En plus de cela, vous dégagerez une aura négative, celle que vous aurez fabriqué.

Même si vous changez votre comportement, cela mettra un certain temps, car nous ne pouvons interrompre les cycles en cours, mais en atténuer les effets en faisant grandir le cycle positif, cela ne peut se faire directement, car, tant que la révolution (ou cycle) n'est pas achevé, rien ne se produira, et le suivant aura encore des aspects négatifs, mais sera réduit, vous en sentirez les effets au fil du temps.

Ne pensez plus en termes de «manque», mais de «gain», estimez que vous avez tout en votre possession, soyez reconnaissant avec tout ce que vous offre la vie, le pouvoir de voir, d'entendre, de toucher, tous les trésors que vous négligez, car trop focalisé par le «besoin». Partez du principe que vous avez tout pour être heureux, cela se lira sur votre visage et vous aurez de meilleures relations. Vous souhaitez obtenir plus? Cela doit se faire par un travail sur vous-même et pour les autres, que souhaitez-vous apporter au monde? Tout est déjà à votre disposition, ayez la volonté d'agir dans l'intérêt collectif, ne demandez pas, mais donnez, du temps, de l'argent, une écoute ou une aide. Comme dirait Max Piccinini *« Pour changer son monde extérieur, il faut changer son monde intérieur! »*.

Dites-vous : *«Oui, je peux le faire! J'ai tout les moyens d'y arriver!»*

Si vous faites exactement ce que je vous ai mentionné, votre vie sera différente, ce ne sera pas visible sur l'instant, mais si vous la comparez à celle d'il y a un an, vous vous direz «wow». je préviens juste que le processus sera un peu long selon sa volonté d'agir, alors j'insiste, commencez dès maintenant!

Remodelage du subconscient

Il est possible de remodeler votre subconscient, modifier l'interprétation de nos pensées face à un événement du passé, en fait, selon moi, il faudrait relativiser, par exemple, se dire que la méchanceté gratuite existe et que pour vous-même, vous connaissez exactement votre valeur, dans ce cas précis, il vous faudra démontrer ce que vous valez réellement, allez au-delà de toutes les prétentions et jugements.

Pour cela, il faudrait vous convaincre vous-même, réinterpréter vos pensées en créant de nouvelles connexions neuro-associatives, j'insiste sur ce point tout au long de cet ouvrage, car j'estime que c'est une partie importante concernant la reprogrammation subjective.

Dans votre for intérieur, réside les souvenirs de votre vie, ils y sont même si vous ne vous est pas possible de vous en rappeler, les stimulus à ces événements antérieurs restent en vous. le subconscient s'agite autant que Nicolas Sarkozy sous perfusion de café. *(pour les anglophones, puisque le livre va être traduit, c'est un chef d'État français connu pour sa nervosité).*

À un moment de votre vie, ce qu'il s'est passé dans votre enfance ou même après, va ressurgir sous forme de ces mêmes stimuuis.

Par exemple, si un ami vous propose de faire de l'escalade, ou qu'il vous faut monter sur une échelle, vous répondez que vous n'êtes pas intéressé, mais vous ne savez pas pourquoi.

En réalité, votre subconscient répond à votre place, il fait la connexion entre cette information, et des événements du passé, étant plus jeune, vous êtes justement tombé d'une échelle, un mécanisme de sécurité s'est enclenché, ou peut-être que l'on vous a trop protégé, ou même traité d'incapables.

L'action présentée sera ainsi associée à un souvenir antérieur dont vous n'avez pas aux premiers abords un souvenir flagrant, mais l'émotion associée est bien présente.

En grandissant, et sous forme d'un «vice repetitas», vos premières pensées ont ainsi créé de la méfiance, et plus vous avez rencontré de personnes malsaines pour vous, et plus le signal s'est amplifié, c'est comme tourner le bouton «volume» de son poste de radio.

Ce qui explique, en grande partie, la timidité et le manque de confiance, votre conscience (de par votre subconscient), s'est mis en mode «autoprotection», il va estimer que si vous faites une action, vous aurez une réaction négative, cela vous semblera identique à ce que vous avez connu, et au fond de vous, pourquoi cela changerait?

Dès lors, il vous est facile d'abandonner, à vous dire «*À quoi bon essayer?* », et c'est à ce moment précis que vous donnez raison à toutes ces personnes qui vous ont jugé négativement, vous resterez «un nul», «un bon à rien».

Pour en inverser la tendance, il faut suivre le même chemin dans le sens inverse, créer de nouveaux «vice-repetitas» en occultant les anciennes données cognitives, car elles restent dominantes et votre inconscient peut faire taire vos émotions dominantes, ainsi que les perceptions liées à ces nouvelles informations, notre cerveau est merveilleux dans son pouvoir de remodelage, de créer de nouveaux chemins d'accès en le reconditionnant, cela dit, cela ne se fera pas en un jour, car, il vous a fallu déjà toute votre existence actuelle pour être façonné.

Le processus de remodelage ne peut se faire que par la force des habitudes, c'est comme insérer un corps étranger dans notre organisme, en l'implantant, le mécanisme immunitaire se mettra en fonction créant le rejet de celui-ci, pour que l'organisme l'assimile, il faudra du temps et de la patience, et si vous ne l'êtes pas, vous devez le devenir.

Reprenez-vous en main et n'écoutez plus que vous, vous enviez ceux qui réussissent et vous voulez y arriver vous aussi? Alors allez-y! Tentez! Vous serez surpris du résultat, mais avant toute chose, vous devez travailler sur votre confiance en vous. Comment l'obtient-on? Par l'entraînement tout simplement, la recherche de nouvelles informations que peut fournir la lecture par exemple, cela vous donnera l'assurance sur vos pensées, votre subconscient s'en nourrit.

Et surtout, arrêtez de croire que tout arrivera comme par magie, je l'ai déjà évoqué dans mon premier livre concernant l'investissement personnel, nous n'avons rien sans rien! S'il y a une réelle magie, elle proviendrait de votre volonté! Pour cet effet, je vous recommande de nourrir votre subconscient avec des pensées positives! Comment? Par des oeuvres concernant ce domaine, notamment ceux de Norman Vincent Peal, de Franck Nicolas ou de Max Piccinini, ou encore Napoléon Hill. Faites une synthèse de toutes vos lectures, et tout vous semblera évident pour vous si vous ne vous contentez pas de lire, mais aussi de comprendre et d'être curieux, c'est la clé de votre réussite.

Perception de la richesse et de la pauvreté

Que se passerait-il si vous n'aviez personne à côté de vous?

Aucune possibilité d'interactivités avec un entourage? Dans ce cas précis, on pourrait imaginer quelqu'un vivant dans le désert en ermite n'assurant sa subsistance que par lui-même, en cherchant de l'eau à des kilomètres de chez lui à pied, et en chassant tout ce qu'il peut.

Peu d'individus ont cette capacité, victime de ce l'on pourrait appeler «la société de consommation», nous ne chassons plus et nous n'allons plus chercher de l'eau à des kilomètres, il suffit de prendre sa voiture et de faire ses courses au supermarché local, de ce fait, nous sommes devenus dépendants de ce système.

Toutefois, nous savons encore faire la part des choses, grâce à notre travail, nous rendons service au plus grand nombre indirectement, par exemple, quand je travaillais il y a longtemps de cela dans la grande distribution, je mettais en rayon des produits qui allaient être vendus aux clients de celui-ci, ce qui me donnait un revenu.

Il y avait parmi les consommateurs des garagistes, des quincaillers, et toutes sortes de personnes avec qui j'avais eu au moins une fois une interaction avec eux, grâce au fruit de mon travail provenant d'un service rendu, à leur tour, ils me rendaient service, en réparant ma voiture, en me vendant des clous et des vis pour une armoire que je fabriquais.

Le point de jonction entre les deux est «l'argent», un moyen d'échange qui a remplacé ce qu'il se faisait à une époque éloignée, le troc, l'échange d'un service contre un autre, le puisatier donnait de l'eau contre du pain au boulanger, le maraicher échangeait ses récoltes contre de la viande au chasseur, etc..…

Chacun apportait quelque chose au plus grand nombre en échange d'un autre bien, les uns et les autres servaient l'intérêt collectif.

Quel est le point commun entre cette période de l'histoire et maintenant? Si je prends par exemple le boulanger, il «possède», c'est-à-dire qu'il peut répondre à un besoin de la collectivité, sa boulangerie dispose de pain en abondance, et grâce à l'argent obtenu du produit qu'il vend, il peut acheter de quoi en fabriquer encore, mais aussi de payer ses salariés et subvenir à ses propres besoins. Ainsi, au moment du repas, le boulanger «possède» toujours, du pain de sa boulangerie, du vin du vigneron, des fruits et légumes du maraicher, et surtout l'énergie pour travailler en reprenant des forces pour se remettre à l'oeuvre.

Dans tous les domaines de la vie quotidienne, nous servons la collectivité directement et indirectement en échange d'un bien ou d'un service, que ce soit en tant qu'employeur ou de salarié, c'est le fruit de notre travail qui nous enrichit, que ce soit dans la fabrication de pièces automobile, dans les supermarchés, dans la maçonnerie, et plus nous servons l'intérêt du plus grand nombre, et plus nous nous enrichissons.

Il y a ceux qui sont fiers de leur travail, de ce qu'ils ont, estimant posséder tout ce dont ils ont besoin, et puis il y a les autres, jaloux de ceux qui possèdent tout et qui sont plus riches, mais quand nous ne sommes pas satisfaits de ce que nous avons, nous sommes de ce fait malheureux.

En regardant les choses d'un oeil nouveau, nous possédons toujours ce dont nous avons besoin, que ce soit en argent ou en biens et services, quelle que soit la forme que cela prend, cela reste quelque chose d'existant sur le plan matériel.

Pour cela, la majorité des gens qui ne s'en sortent pas négligent le plus grand des trésors qu'ils possèdent, «l'esprit».

C'est de notre manière de penser issue de notre subconscient que se produisent la richesse ou la pauvreté, de sa manière d'interpréter les événements, et c'est aussi ce qui détermine notre destiné, le regard que nous avons par rapport au monde extérieur.

Par exemple, le mot «trésor» peut signifier un coffre rempli de pièces d'or, ou le fruit de son travail, ou la nature, mais il peut signifier la santé, il y a tellement de formes que l'on pourrait donner à un «trésor».

La majorité des gens sont pauvres, car au fond d'eux même ils se sentent pauvres, là aussi, nous pouvons donner plusieurs significations à ce terme, «pauvreté d'esprit», «pauvreté financière», ou «pauvreté en relations», ils sentent en eux qu'ils n'ont rien parce qu'ils n'ont pas perçu le «trésor» qu'il possèdent en eux.

Si je vous demande ce que cela signifie pour vous «être riche», la première pensée que vous aurez serait laquelle? Bien sûr, j'anticipe votre réponse, connaissant l'esprit humain, vous aurez tendance à vous aligner sur ce que je viens de vous dire, dans ce cas, je vous en félicite, car vous assimilez le principe fondateur du subconscient.

En effet, certains penseraient qu'être riche, c'est posséder 1 million d'€uros, ils se disent « si j'étais riche, j'achèterais une maison, une voiture de sport, etc...... », ils sont donc dans l'attente et se sentent pauvres car ils ne possèdent pas, dans leur for intérieur se crée ce sentiment de « manque » (j'y reviendrai souvent), ils se conditionnent eux-mêmes à la pauvreté, alors que si les pensées sont orientées sur les vraies richesses, la santé, la nature, les biens que l'on possède (même anciens), ils créent les conditions nous menant à la réussite, le sentiment dominant leur esprit est l'abondance, cela procure un sentiment de suffisance, et ils vivent heureux.

Et il y a bien plus à cela, car ils apportent du temps et de l'énergie aux autres, ce qu'ils récoltent en retour, c'est de la reconnaissance, de l'amour, ou de la joie.

Je peux vous affirmer ceci, pour ceux qui me croiront, vous êtes déjà très riches, regardez autour de vous, que voyez-vous? Des relations? De l'équipement moderne? Vous avez de l'argent dans votre porte monnaie? Vous avez un toit sur la tête? Donc, prenez conscience de ceci « vous possédez, donc, vous êtes riches ».

Et je voudrais faire un correctif sur votre manière de percevoir l'argent, cela va probablement surprendre certain, mais s'enrichir, c'est donner, et s'appauvrir, c'est demander, étrange non?

Voilà pourquoi la plupart n'évoluent pas, car ils ont une perception inversée de l'argent, qui, je le rappelle, n'existait pas à une période de l'histoire, et aussi, ils n'ont pas la notion de valeur, car, par exemple, si ceux-ci possèdent une vieille voiture, ils se fient sur l'opinion collective en disant qu'elle est dépassée, que c'est une épave, ce qui provoque dans leur for intérieur ce sentiment d'appauvrissement, en n'écoutant pas les autres, ils verraient le côté fonctionnel, l'utilité de celle-ci, les mener d'un point A à un point B. Il s'agit d'un atout, un gain du fruit de leurs efforts, quelque chose qu'ils possèdent alors que d'autres n'en ont pas.

L'esprit humain a souvent tendance à regarder vers le haut plutôt que vers le bas. Vous enviez ceux qui vont dans les restaurants de luxe ou qui roulent dans de belles voitures, qui possèdent des millions d'€uros, vous désirez être comme eux, alors que dans le fond, vous l'êtes déjà, ce que vous regardez, c'est la forme, les aspects de leur vie et vous la comparez à la vôtre, il y a en vous ce sentiment de jalousie, ce besoin d'être à ce haut niveau d'existence, et si je vous disais que vous le pouvez?

L'argent, le luxe et tout ce qui tourne autour ne sont que des aspects techniques, et vous en faites la comparaison avec votre vie que vous considérez comme miséreuse, alors que si vous regardez au-dessous de vous, il y a des individus qui ne possèdent pas ce que vous avez, vous êtes déjà plus riches qu'eux, et chaque choses que vous possédez n'a que la valeur que vous lui accordez (je reviendrai également là-dessus).

Je vous donne un exemple? Prenez un stylo à bille, regardez-le! Combien vaut-il selon vous? 0.50€? Maintenant, imaginez que vous avez entre vos main le stylo qui a servi à Justin Bieber pour écrire sa dernière chanson et signer des autographes, je peux vous garantir que vous lui donneriez bien plus en termes de valeur, peut-être 50 000€ à plus de 10 millions d'€uros, pourquoi? Parce que vous accordez aux choses la valeur que vous leur donnez et c'est ce qu'il se passe dans les ventes aux enchères, si la Jonconde n'avait pas été peinte par Léonard de Vinci, ou si celui-ci n'était pas célèbre, ce ne serait qu'une toile comme tant d'autres, avec ce qu'il y a de commun entre elles, de la peinture, une toile, un encadrement en bois, du verni, etc.......

Si vous avez tous un téléviseur chez vous, considérez ceci comme un bien, ce que vous avez gagné, ce qui est en votre possession, et la valeur à lui donner est le fruit de votre travail, il vous sert tous les jours à regarder des séries ou des films.

Une des raisons aussi pour laquelle vous estimez être pauvre, c'est une mauvaise considération de la valeur d'une chose issue de la nature, que vous pouvez trouver partout, en forêt, en montagne, ou à la mer.

Pour être riche dans votre monde extérieur, il faut l'être dans votre monde intérieur, que ce soit dans la manière de se sentir prospère ou de considérer la valeur des choses que vous croisez dans votre vie.

Pour en venir au début de cette partie, si vous étiez seul, sur qui compteriez-vous? Sur personne d'autre que vous-même! N'attendez pas que l'on vous vienne en aide, et aidez-vous vous-même pour subvenir à vos besoins, vous voulez boire? Alors faites des kilomètres pour chercher de l'eau! vous avez faim? alors chassez! n'attendez pas qu'il pleuve ou que le gibier vienne sonner à votre porte avec ses petites pattes.

La plupart des individus ne s'en sortent pas car ils comptent trop sur les autres et attendent trop de la vie, ils réclament, *ils ont envie de ....*, *ils ont besoin de.....*, ils jalousent ceux qui y arrivent, alors qu'ils ne puisent pas dans le propre trésor, ils convoitent ceux des autres.

Donnez de la valeur à ce que vous possédez! réestimez leur valeur, et vous verrez, vous deviendrez vite millionnaire, une chaise qui vaut 15€, estimez qu'elle en vaut 50€, voir 100€, mais en fin de compte, la vraie valeur, elle est en chacun de nous, et c'est ce que nous avons à offrir qui fait de nous des personnes riches, celui qui n'a rien à offrir et qui réclame est pauvre.

J'espère que vous commencez à cerner la nuance et que votre perception changera sur l'argent, pensez de cette manière et votre vie deviendra plus supportable, relativisez votre vie, elle est déjà très riche.

Les notions de douleur et plaisir

Nous avons tous des rêves que l'on aimerait voir se réaliser, mais comment y parvenir?

J'ai été comme vous pendant longtemps, et la vie m'a appris le plus important, c'est de se contenter déjà de ce que l'on a, apprendre à apprécier ce que nous possédons. Regardez dehors de chez-vous, vous voyez des personnes qui ne possèdent que très peu de choses, qui aimeraient posséder ce que vous avez, un toit sur la tête, une télé, et tout le confort moderne.

Mais au fond de nous, nous voulons toujours plus, face à l'obsolescance du matériel que nous avons, argument dont se servent les fabricants de téléphones portables ou d'électroménager. Et bien sûr, nous tombons dans le panneau.

Que signifie donc la notion de douleur et de plaisir? C'est simplement le fait de se contenter de ce que l'on a même si on veut tout et tout de suite, ce que de nombreuses personnes font généralement, mais au travers de cela, si vous dépensez votre argent à du matériel plus moderne, sans attendre, cela vous semblera douloureux moralement de ne pouvoir avoir des moyens de vous offrir les vacances de vos rêves par exemple, tout ça parce que vous avez voulu vous offrir du matériel plus moderne et refait votre intérieur.

Sans douleur, il n'y a pas de plaisir et inversement, cela passe par de gros sacrifices pour obtenir ce que vous voulez, mettre de côté, travailler plus dur, s'investir à fond en vous disant qu'une belle récompense vous attend au bout, même si les premiers résultats sont insatisfaisant, n'arrêtez pas d'essayer!

Pour aller plus loin

Connaissez-vous la théorie de la balle de ping-pong? Non? Normal, c'est moi qui l'ai inventé à l'instant. (créée par l'auteur pour ce livre).

Pour cela, imaginez un verre d'eau rempli à moitié, il représente le monde dans lequel vous vivez! Le liquide correspond à la pauvreté en général et l'air dans le verre symbolise la richesse. Ce sont deux environnements distincts.

Ensuite, imaginez une balle de ping-pong, il s'agit de vous, la coque représente votre enveloppe charnelle, et à l'intérieur se trouve soit de l'air, soit de l'eau, c'est votre environnement intérieur, votre monde, votre manière de penser.

Si la balle est remplie d'eau, elle restera au fond du verre dans un environnement d'eau, Mais si elle est remplie d'air, elle flottera dans un environnement d'air.

Ce phénomène est universel, le monde intérieur correspond au monde extérieur, votre environnement extérieur sera toujours à l'image de ce que vous pensez, et pourtant, le liquide dans le verre ne change pas, la balle ne se modifie pas, c'est seulement ce qu'il se passe à l'intérieur qui varie.

Théorie de la balle de Ping-Pong

**Verre d'eau
(monde extérieur)**

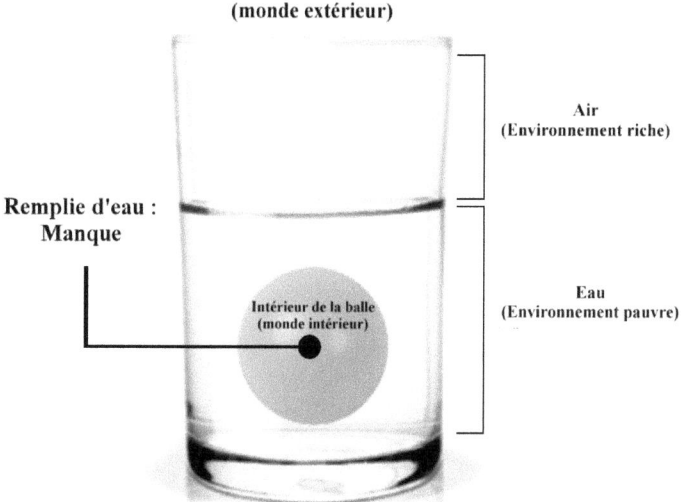

Air
(Environnement riche)

**Remplie d'eau :
Manque**

Intérieur de la balle
(monde intérieur)

Eau
(Environnement pauvre)

**Verre d'eau
(monde extérieur)**

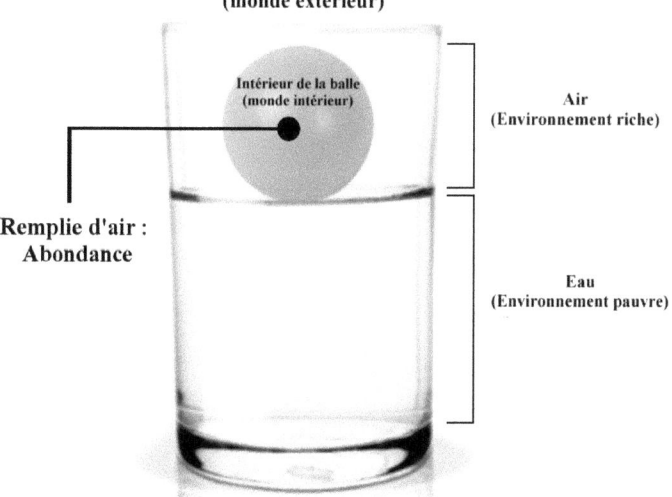

Intérieur de la balle
(monde intérieur)

Air
(Environnement riche)

**Remplie d'air :
Abondance**

Eau
(Environnement pauvre)

Le dehors reflète le dedans

Selon la théorie que je viens d'évoquer plus haut, la balle de ping-pong représente votre bulle, et à l'intérieur se trouve les perceptions que vous avez de votre monde extérieur, il est en parfait harmonie avec ce que vous pensez et ressentez. La balle ne pose aucune résistance et baignera toujours dans le même environnement. Si à l'intérieur, il y a de l'air, l'extérieur sera identique.

Aussi, pour que la loi de l'attractivité fonctionne, il faut rester authentique. Ce qu'il se passe, et pourquoi vous n'évoluez pas, baignant dans le même environnement, c'est qu'au fond de vous, vous n'y croyez pas, même si vous donnez tous les moyens pour y parvenir. D'un côté, vous créez les conditions à l'extérieur en créant votre propre entreprise par exemple, et d'un autre, votre subconscient et toujours orienté vers le besoin, l'envie de réussir et d'être riches. Celui-ci garde toute son authenticité.

Si vous êtes dans le besoin ou dans l'attente de quelque chose, d'un résultat ou d'un gain d'argent, vous êtes similaire à un pauvre qui demande l'aumône à l'univers, le signal que vous envoyez à tout ce qui vous entoure est que vous n'avez pas. On pourrait comparer ceci aux interactions humaines, chaque individu que vous rencontrez dans votre vie n'est que le reflet de vous-même, dans votre manière de percevoir et de vous comporter vis-à-vis de lui. Ce que vous dégagez au fond de vous se ressent par votre entourage. Autour de vous se trouve votre bulle vibratoire qui envoie un signal à votre environnement.

Le problème est double, d'un côté, en voulant vous placer au-dessus des autres, vous les voyez plus pauvres que vous, vous les voyez dans l'attente de la satisfaction d'un besoin que vous aimeriez fournir. De l'autre, vous avez ce même besoin en voulant vendre, mais personne ne peut rien vous acheter, car vous les voyez pauvres, même que vous estimez que la banque n'a pas les moyens financiers de vous aider la percevant dans ce même schéma. En réalité, vous voulez vendre ce que vous n'avez pas à des gens qui n'ont rien. Dans ce cas précis, votre for intérieur reflète l'extérieur.

Pour optimiser vos chances de réussir, il faut penser différemment, non en termes de besoin ou d'attentes, voyez les autres et votre environnement comme votre propre reflet, regarderez les richesses insoupçonnées en chacune des personnes que vous croisez, sans voir leurs conditions sociales ou leur compte en banque, ne voyez que l'humain, et chacun peut donner aux autres. Regardez toutes les richesses de ce monde, ce que la nature peut vous fournir, ce que vous possédez grâce à elle, la vie, la santé, le plaisir de regarder de beaux paysages, voilà ce qu'est un vrai trésor, nous le possédons en chacun de nous.

Réapprenez ce que signifie être riche, et vous serez surpris de tout ce qu'il se passera dans votre existence. Cependant, ne tentez pas de duper votre subconscient qui n'accepte que ce qui est authentique. Vous ne tromperez pas une banque avec un faux chèque que vous aurez fabriqué, pour votre subconscient, c'est pareil, votre imaginaire ne suffira pas à changer votre condition sociale sans percevoir le monde extérieur d'un autre oeil, et sans reconnaître au fond de vous-même que vous êtes déjà très riche, il ne suffit pas de le penser, il faut en avoir l'intime conviction, et cela se travaille.

Comment enrichir son esprit?

Par l'entraînement. Votre subconscient est déjà conditionné par la vie que vous menez, disposant de maigres connaissances, vous découvrirez des trésors dans les livres. De nombreux auteurs vous apporteront une autre philosophie de vie, à voir autrement, il ne suffira pas juste de lire, mais de s'investir à 100%, s'immerger, s'imprégner, être dans la tête de l'auteur, de ceux qui ont réussi, vous aurez leur point de vue sur le monde.

En revanche, si vous ne vous intéressez pas à la lecture, cela voudrait dire que l'univers des grands penseurs de ce monde ne vous intéresse pas, cela fait pourtant partie des personnes qui ont le mieux réussi en leur temps et qui en ont inspiré d'autres par la suite. Par le fruit de la connaissance, vous aurez, par la voie de l'instruction, beaucoup à offrir à vous-même et aux autres, vous pourrez aussi partager. Le pouvoir de la connaissance est magique, il vous ouvre des portes que même vous n'auriez pas poussé par le manque de confiance et le manque de savoir.

Aussi, votre subconscient acceptera ces nouvelles informations authentiques, elles feront partie de vous-même, vous n'inventez pas, car elles prennent leurs sources en provenance du monde extérieur. Prenez l'habitude de penser que vous avez déjà tout à votre disposition pour être riche. Restez concentré sur l'abondance et non sur le manque. Ne regardez pas en haut ce qu'il se passe, ne convoitez pas, ne soyez pas jaloux, tout ce dont vous avez besoin, vous l'avez déjà, à vous de savoir vous en servir en appréciant ce que vous avez déjà!

CHAPITRE 6 : LA DOMINATION EXTERIEURE DU SUBCONSCIENT

«Nous devons d'abord bâtir une société, où l'acte personnel retrouve une valeur plus grande que la fabrication des choses et la manipulation des êtres.»

(Ivan Illich)

La domination du subconscient est-elle possible?

Je réponds clairement oui, pour vous le démontrer, il existe des pratiques déjà éprouvées que l'on appelle le lavage de cerveau.

Vous en avez d'ailleurs été victime dès votre plus jeune âge à cause des adultes et des fréquentations qui ont influencé, voir modifié, vos systèmes de croyances, au point ou cela fait partie de vous.

Comment cela fonctionne? Le sujet est isolé, en proie à de nouvelles idées martelées en permanence. Ce principe a déjà été vu lors de la seconde guerre mondiale avec la jeunesse hitlérienne, ou plus récemment avec les terroristes qui emploient des techniques d'endoctrinement et de conditionnement de l'esprit, pour amener des sujets à commettre des actes qui défient la morale, Dans ces deux cas, plus le sujet est jeune, et mieux il est facile de modifier son système de croyances.

Quand l'individu est jeune, il est en phase de découverte, assimiler une chose à la douleur ou au plaisir, et ceci reste mieux gravé dans le subconscient.

Pour les adultes, ce n'est pas impossible non plus, mais la phase de désendoctrinement est plus facile à défaire, simplement en faisant ressurgir l'ancien système de croyances.

Récemment, j'ai eu l'occasion de lire le livre d'Anthony Robbins « L'éveil de la puissance intérieure ». À l'intérieur de celui-ci, l'auteur évoque les manipulations partisanes faites durant la guerre de Corée, poussant des centaines d'Américains à fédérer avec le régime communiste, et les poussant à trahir indirectement leur pays, et en signant des documents louangeant les avantages du communisme. À l'origine, ce fut de fervent patriotes américains, qu'est ce qui les a donc poussé à rejoindre le camps ennemi et leurs idéologies?

Les coréens employaient une technique plutôt sournoise que j'appelerait « la soumission librement consentie » (technique encore employée de nos jours).

Le sujet est enfermé dans une cellule, et ses geôliers lui rendent visite assez régulièrement, non pas pour le torturer, mais pour prendre des nouvelles, lui offrir des cigarettes, de l'alcool, à manger et des magazines ventant les mérites du régime communiste, ils lui fournissent bon nombre d'outils de propagande, et discutent avec lui en des termes amicaux.

En gagnant en capital sympathie, sans forcer afin d'extorquer les informations, le sujet leur donne de lui-même et indirectement lors de simples conversations, devenant plus à l'aise avec l'ennemi. C'est un processus très long, mais qui paie de par son efficacité. Ce qu'il se passe, c'est une forme d'adaptabilité du milieu environnant. Avec le temps, le prisonnier s'habitue aux murs, il ne voit plus que ça autour de lui, ainsi que les coréens qui lui semble sympathiques aux premiers abords.

Cette même technique pousse des personnes résolument catholiques à devenir des musulmans extrémistes, ce qui démontre la fragilité de l'esprit humain qui reste très malléable pour certains.

L'hypnose consciente et inconsciente

Il y a une différence entre les deux phases du contrôle de l'esprit, tout d'abord celle où les suggestions sont transmises directement en état d'éveil, et l'autre en état de sommeil profond. Les usages sont assez variés, il y a tout d'abord celui qui contribue au bien-être, il s'agit de l'hypnose thérapeutique dont la médecine commence à ouvrir ses portes, elle implique des guérisons par voie subjectives, très utile pour les individus souffrant notamment d'hypocondrie. Les psychologues pratiquent des méthodes liées à l'hypnose, invitant le patient à s'endormir. En rentrant dans son for intérieur (le subconscient), et à l'aide des informations données par le patient, ils décèlent les éléments provoquant les troubles de sa vie quotidienne.

Parallèlement à ceci, il y a aussi l'auto-hypnose thérapeutique qui consiste à se convaincre soi-même (l'auto-conviction), que ce soit en état d'éveil ou de sommeil.

Ces deux formes (ainsi que d'autres), incluent les suggestions dans le subconscient, puis les utilisent dans l'inconscient afin de faire des combinaisons avec les informations récoltées, de créer de nouvelles neuro-associations qui modifieront les champs de valeurs.

Il y a aussi l'hypnose de show business qui sert juste de distraction à un public que ce soit dans une salle ou dans la rue. Les suggestions peuvent se faire consciemment, c'est-à-dire que le spectateur ne se rend même pas compte qu'il a été hypnotisé, alors, on le voit donner sans qu'il ne s'en rende compte sa montre ou son portefeuille, signer un document, il donne l'impression d'être absent, perdu dans ses pensées, répondant directement aux suggestions de l'hypnotiseur. L'interaction peut aussi être passive, c'est-à-dire que le spectateur est en phase de sommeil profond, nous pourrions voir son corps se raidir comme une poutre en acier, et supporter le poids de quinze personnes sur lui.

Puis, et pour finir, il y a l'hypnose à usages spécifiques, utilisé dans l'espionnage ou pour de phases d'endoctrinement.

Des expériences ont été menées sur de jeunes individus. Ils devaient mettre des écouteurs sur les oreilles avant de s'endormir. La cassette qu'ils devaient écouter avait un blanc d'une trentaine de minute, temps prévu en attente du sommeil profond.

Au préalable, ils avaient fait des exercices d'endurance, afin de fatiguer leur organisme, des exercices de lecture et de concentration jusqu'à ce qu'ils sentent la fatigue les gagner. Ils étaient enfermés dans une pièce blanche insonorisée, à l'intérieur de celle-ci, se trouvait un fauteuil de type Condor (fauteuil en mousse destiné à la relaxation, on en trouve encore dans le commerce).

Tout d'abord, ils étaient en phase de détente, les jeunes gens devaient détendre leur corps, ils mettaient les écouteurs tout en se laissant plonger dans un état de sommeil profond.

Sur la bande magnétique étaient inscrite des suggestions subliminales accompagnée d'une musique douce qui berçait les participants. À la fin de la séance, la cassette leur suggérait de se réveiller, et sans se rendre compte, ils avaient enregistré de nouvelles informations, par la suite, ils devaient répondre à une série

de questions, et les résultats furent étonnants, 85% d'entre eux purent répondre de manière correcte à toutes les questions, seulement 15% du groupe restant, soit ils ne purent le finir, soit ils répondaient faux à seulement quelques questions.

Ce qui démontre le pouvoir de l'inconscient. Edgar Cayces en est un exemple. Cet homme ne connaissait rien en médecine, et pourtant, durant sa jeunesse, et sous hypnose, il a su donner des diagnostics précis et le traitement approprié à des personnes souffrant de troubles que même les medecins certifiés ne pouvaient traiter, ni même comprendre les symptômes.

L'hypnose peut fonctionner de deux manières, en état de sommeil profond et en éveil, et peut-être utilisé à des fins thérapeutiques ou pour obtenir des informations.

Il y a aussi ce que j'appellerais l'hypnose de show business, en France (pour m'adresser aussi au public étranger), il y avait une émission destinée à l'hypnose, les invités étaient sous l'emprise d'un hypnotiseur qui s'appelle Mesmer.

Ils étaient dans des situations improbables, par exemple, participer à une émission télévisée intitulée « The Bachelor » où l'un d'eux devait épouser un poney, un autre qui se prenait pour un vampire, et encore un qui se croyait réellement dans un cockpit d'avion alors qu'il était dans un simulateur de vol.....plein de petites histoires insolites qui ont fait la polémique sur la véracité des faits, Messmer est il réellement un hypnotiseur ou un charlatan? Le débat reste encore ouvert, même si la chaîne qui diffuse cette émission se défend de toutes tromperies, le doute est encore permis, et chacun garde sa propre opinion. La technique de Mesmer s'intitule « l'hypnose consciente », le sujet n'est pas directement en état de sommeil profond, l'hypnotiseur prend le pas sur la conscience en la dominant, d'une main, il détourne sont attention avant de l'endormir, ensuite, il communique directement avec le subconscient en lui donnant des directives. On parle alors de réceptivité, c'est-à-dire que la conscience laisse passer les informations, à la différence de ceux qui ne sont pas réceptifs, elle fait encore de la résistance, tel Gandalf (personnage du seigneur des anneaux), du haut de sa montagne et brandissant son bâton en s'écriant «*vous ne passerez pas!*».

Personnellement, j'y crois, d'autres sont libres de valider ou non les pouvoir de l'hypnose consciente. Pour le reste, le cas Mesmer reste un mystère. Le contrôle de l'esprit humain existe depuis la nuit des temps, mais l'hypnose connut son âge d'or vers la fin du XIXème siècle. Je vais tout de même évoquer une période où elle a déjà été mainte fois utilisée.

Durant la guerre froide, la Russie et les États-Unis se méfiaient l'un de l'autre, des agents étaient recrutés afin d'en savoir un peu plus sur les intentions des uns et des autres en les espionnant. Pour s'assurer qu'aucun d'entre eux ne révéleraient des informations qui serviraient à l'ennemi, ils étaient pour certains hypnotisés, des détails de leur vie étaient mis en sommeil, alors qu'une nouvelle identité était créée, ces agents (russes et américains) étaient convaincus d'être du côté de l'ennemi, de ce fait, lorsque l'un d'eux était attrapé, et qu'il devait passer au détecteur de mensonges, aucune information concernant leur vraie vie ne transparaissaient.

Autre cas tout aussi troublant, en Russie, un hypnotiseur avait réussi à déjouer tous les systèmes de surveillance du Kremlin, il avait réussi à passer sans encombre la garde rapprochée de Staline jusqu'à être suffisamment proche de lui. Staline, ayant eu peur pour sa sécurité, ordonna qu'il soit jeté en prison. Auparavant, cet individu avait réussi à obtenir d'une banque une somme conséquente de la part du guichetier, à l'aide d'un simple papier blanc, qui apparaissait comme un document officiel dans l'esprit de celui qui allait lui donner une mallette remplie de billets. L'hypnotiseur, une fois parti, laissa sa simple feuille blanche au guichetier, qui, peu de temps après, se rendu compte de la supercherie. Heureusement pour lui, l'expérience était destiné pour un documentaire sur l'hypnose, l'argent fut rendu à la banque sans trop d'encombres.

Principe de l'éponge

Pour vous décrire le processus, prenons une éponge, et plongez-la dans une bassine d'eau teintée en rouge, si nous faisons ceci pendant plusieurs années, celle-ci deviendra toute rouge, elle aura pris la teinte de l'eau.

Si nous prenons cette même éponge, et que nous la plongeons dans une bassine teintée en bleu, les pigments rouges étant imprégnés, même plongée mille fois, elle restera rouge, et avec le temps, en réiterant l'opération pendant plusieurs années, elle commencera à devenir violette, la couleur rouge étant imprégnée depuis longtemps.

Maintenant, supposons qu'il y a la possibilité de supprimer les pigments rouges, en la mettant dans une bassine d'eau claire, avant de la plonger dans une bassine d'eau bleu, la première teinte s'estompera au fil du temps, laissant place à une magnifique teinte bleue.

Croyances, peur et phases d'endoctrinement

La peur est un bon outil destiné à la propagande, ne laissant d'autre choix que de se plier aux exigences du dominant, soit nous adhérons, soit nous subissons, ce qui se résume à de « l'obtention sous contrainte ».

Cette technique est utilisée par les terroristes entre autres, mais aussi, leurs messages sont véhiculés par les médias. Là, je ne vous parle pas des journaux ou informations télévisées, en tels cas, ils se rendraient complices de distribuer leur propagande, bien que, des médias opèrent autrement pour faire passer ces messages, par internet entre autres.

En parlant de médias, certains (que je ne puis sus nommer) utilisent des méthodes pour faire élire un candidat lors d'élections présidentielles, en poussant un maximum à

faire rentrer une information dans notre subconscient, ils pratiquent une forme de "vice répétitas", l'information est
répétée régulièrement à la télévision, à la radio, dans les journaux et internet.

Ils balancent à tue tête le nom d'un de ceux-ci, si nous prenons par exemple le nom de Jean-Manuel Macrochon, candiat de « la France en Marche », son nom sera répété plus de 20 000 fois en seulement deux jours, une forme de suggestion inconsciente, le programme télévisé sera adapté afin de créer des connexions neuronales, dépeignant un candidat chevelu, faisant pâlir son rival, le candidat de « La république en chemise », Florent Fabiozy, dont la cuirasse de sa cime ferait le bonheur des marchands de postiches.

L'avantage de ce dernier, il n'a pas un seul cheveu blanc.

La méthode de la répétition est également utilisée par les publicitaires, martelant un slogan accrocheur, mais aussi par les mentalistes, experts en manipulation de l'esprit. Ils se basent sur le comportement du corps, l'esprit humain n'ayant aucun secret pour eux.

La mnémotechnique, ramenant votre point référent au choix d'une couleur par exemple, le rouge, il y a dans le décor, un extincteur, une tomate, un panneau STOP et plein d'autres objets de cette couleur, ils ont été posés volontairement pour que votre attention se porte sur eux. De ce fait, le mentaliste ne lit pas dans votre esprit, mais l'oriente inconsciemment, il lui suffit de voir ou se porte votre regard (forcément, un objet rouge), et il vous dit « je paris que vous avez choisi cette couleur! », vous répondez stupéfait « comment avez-vous fait? » (à noter que la pièce est également rouge). Seule chose qui pourrait bluffer un mentaliste dans ce cas est que vous soyez daltonien de naissance, donc aucun point de référence visuel.

Le champ de synthèse, qui consiste pour le mentaliste à vous poser au préalable des questions relatives à cette couleur, indirectement, il vous conditionnera. Par exemple, il se mettra à parler des pompiers dans cet entretien avec vous, il vous racontera des anecdotes relatives à cette couleur (rouge), indirectement, votre esprit va l'assimiler, le point d'origine analysant ces informations par rapport à ce que vous connaissez déjà.

Le danger des sectes et d'autres organisations

Personnellement, je ne vous demande pas d'adhérer à toutes mes croyances, je ne fais qu'évoquer un sujet sur mon livre, sur un thème bien précis, et avec les informations dont je dispose. Je veux parler bien sûr des sectes et d'autre organisations du même genre.

Il est possible de manipuler en masse des individus, et que les plus faibles d'esprit sont guidés par la peur et le manque.

Par exemple, si quelqu'un rencontre des difficultés dans la vie, cela leur laisse un terrain fertile afin de manipuler aisément son esprit.

En fait, que recherche l'individu moyen? La sécurité et l'argent, il voudrait voir disparaître ses problèmes, toujours harcelé par les créanciers, ne trouvant pas les moyens de résoudre ses difficultés, et aussi disposer d'un confort financier pour le mettre à l'abri, ainsi que sa famille.

Il faut avoir conscience que ce genre d'individus appartient à une sphère que vous n'atteindrez jamais, sinon que par vos propres moyens et en utilisant votre tête! Ils se servent de votre faiblesse d'esprit, jouent sur vos espoirs d'une vie meilleure, alors qu'il n'y a que vous qui pouvez décider de ce que vous voulez.

CHAPITRE 7 : SURMONTEZ VOS DÉCOURAGEMENTS

« La créativité est une fleur si délicate que, bien que les compliments la fassent s'épanouir, le découragement peut l'empêcher de fleurir. »
(Alex Osborn)

L'auto-conviction

Ce que vous êtes à l'intérieur de vous-même, se retrouve à l'extérieur, c'est une vérité universelle que l'on peut retrouver dans des livres telle que la Bible qu'il faut interpréter comme un recueil de vérités.

Si vous avez une perception de la vie très négative, il faut la réorienter vers le positif, vous en êtes capable, d'autres l'ont été avant vous, et encore d'autres le seront après.

Pensez à tous ceux qui ont réussi brillamment leur carrière, cela n'a pas été le fruit du hasard, car ils avaient en eux l'intime conviction d'y arriver.

Comment cela fonctionne? Regardez tout autour de vous, votre famille, vos fréquentations, pourquoi vous perçoivent-ils d'une certaine façon et non d'une autre? Parce que selon la manière dont vous vous comportez avec les autres détermine aussi comment les autres réagiront envers vous, c'est le principe de cause à effet.

Mais attention, pour améliorer votre monde extérieur, il faut tout d'abord le faire à l'intérieur de vous-même, percevoir les événements de manière positive, ce que j'appelle le processus « d'auto-conviction ».

Vous devez voir d'un oeil neuf tout ce qui a terni votre vie, former un autre conditionnement de votre subconscient, tirer les forces dans les faiblesses, chasser le « gros Lulu » qui vous a détruit, ainsi que tous les autres qui vous ont rabaissé. Vous êtes le seul capitaine de votre navire envahi par des mutins, qui ne sont que les mauvaises pensées acquises par autrui, mettez-les par-dessus bord et continuez à naviguer seul.

Quand vous voyez des personnes qui ne vous écoute pas, qui ont tendance à vous diminuer, ou à vous exploiter, occultez-les! Ils ne font que freiner vos projets, les personnes à éviter sont les affabulateurs, les profiteurs, les menteurs et les tricheurs, ce sont des personnes toxiques qui polluent votre esprit, dans la mesure du possible, arrêtez de penser à eux ou de les fréquenter, et revenez au centre de votre réussite, vous-même et ce que vous faites en direction du progrès.

L'envie et la jalousie est ce qui domine les personnes faibles, elles sont le synonyme de manque, et dans ce cas précis, la majorité du genre humain appartient à cette catégorie qui n'exploitent pas les richesses que peuvent fournir le monde.

Et si je vous disais que vous êtes déjà très riche? Je peux vous l'affirmer, car la vie est un très beau cadeau qu'il ne faut pas négliger, même si vous pensez à sa dureté, elle nous permet énormément d'interactions avec le monde extérieur, vous profitez du monde qui vous entoure, de l'air que vous respirez, vous découvrez la nature et partagez des émotions avec d'autres personnes, ce que vous ne pourrez plus faire une fois mort, certains diront «*Tant mieux! Comme ça, on m'oubliera!*», mais dans ce cas, pourquoi voulez-vous réussir? Cela implique de se faire connaître!

Croyez-vous honnêtement que Bill Gate, s'il avait ce type de pensée en serait arrivé là où il en est actuellement? Très certainement que non.

Ce qui ne va pas, c'est que vous fréquentez les mauvaises personnes qui sont bien contente de ne pas vous voir évoluer, tournez-vous vers les bonnes, celles qui ont de l'instruction, qui réussissent socialement et financièrement, ressourcez-vous auprès d'eux.

Aussi, pour en revenir à ce que je disais sur la richesse, vous l'êtes déjà au comparatif de certains pays dans le monde, vous contemplez le paysage alors qu'un aveugle ne le peut pas, vous entendez de la musique, mais pour un sourd, il ne connait pas la magie d'un son, et un muet ne peut pas faire d'émission de radio (par exemple), alors que vous, cela vous est abordable.

La plupart aimeraient avoir ce que vous possédez, un toit sur la tête, une voiture, internet, et de quoi se nourrir, imaginez que dans les pays les plus pauvres, il y a des individus qui n'ont pas accès à tout ceci.

Pour relativiser encore plus loin avec tout ce que je viens de dire, des chanteurs comme Andrea Bocceli ou Gilbert Montagné sont devenu célèbres, mais ils étaient aveugles de naissance, Philippe Croizon, que j'ai déjà évoqué dans mon premier livre, n'avait ni bras et ni jambes, et pourtant, il a réussi a traversé la Manche à la nage, et avec la force de la volonté, ils ont réussi des exploits qu'une personne possédant toutes ses capacités physiques n'ont pu faire.

Relativisez avec tout ceci, vous êtes en capacité de toutes vos fonctions, visuelles, motrices, auditives, vous possédez des richesses insoupçonnées, quand vous comprenez ceci, vous pouvez dire que vous êtes déjà riche dans votre vie.

Pour obtenir au-delà de ce que la vie a à vous offrir, il faut d'abord apprécier ce que nous avons déjà, quand cette notion rentre dans votre esprit, alors, tout est possible, soyez convaincu de cela!

Maintenant, dites-le en vous-même et martelez-le dans votre esprit! « OUI! JE PEUX LE FAIRE! »

Et pour conclure, soyez convaincu aussi d'une chose, rien n'est simple dans la vie, mais avec énormément de volonté, on arrive à tout! Ce ne sera pas flagrant les premiers temps, mais il ne faudra pas vous arrêter sur des échecs, c'est justement le socle de votre réussite, et cela démontre que vous avez essayé, alors que d'autres passent leur vie à ruminer qu'ils n'y arriveront pas! Dans ce cas précis, imaginez le nombre de talents potentiels qui sont parti aux oubliettes, ils sont enterré dans l'esprit de leur créateur, au même titre que leur corps physique, enfermé dans une boîte en sapin.

Coca Cola, la première année de sa création, n'a pas connu un flagrant succès. Cette société n'a vendu qu'une vingtaine de bouteilles. Maintenant, c'est devenu un très grand groupe qui vend ses boissons à travers le monde entier et qui pèse des milliards

Si vous possédez en vous cette intime conviction, vous serez surpris de ce que vous pourriez accomplir. Agissez du fond de votre coeur et de tout votre être, soyez poussé par cet élan de réussite, croyez en vous et changez votre perception du monde qui vous entoure.

Échouer est une leçon de la vie

Nous sommes tous au cours de notre vie confronté aux échecs qui nous poussent à abandonner dès les premiers essais. Même en essayant plusieurs fois, on se trouve confronté à un mur, comme si quelque chose ne passait pas, et nous donne le sentiment que rien n'est possible, même pour les projets futurs.

Alors, retenez bien ceci, quand nous essayons, c'est que nous avons envie de progresser, mais quand les échecs sont trop fréquents, à un moment de notre vie, on baisse les bras, et on se dit à quoi bon retenter?

Et ceci vous programme à rester dans votre zone de confort, croyant que tout ce que vous avez entrepris depuis longtemps était voué à l'échec, cet état vous semble permanent mais rien n'est figé dans le temps. Que ce passe t'il? Pourquoi vous échouez tout le temps? Parce qu'au fond de vous, c'est ce qu'il se produira inévitablement. Il est important de retenir ceci, ce que vous êtes à l'intérieur se reflétera vers l'extérieur. Même si les circonstances externes n'y prêtent pas, soyez en permanence convaincu au fond de vous-même, et malgré les vaines tentatives, vous réussirez!

Cela ne se fera pas en un jour, en effet, vous êtes entraîné dans un cycle qui, quoi qu'il arrive, vous entraînera à l'echec, je ne veux pas vous faire peur ou vous décourager en disant cela, mais je dis simplement que tout ne se fera pas du jour au lendemain.

Si au bout d'un an, rien ne se passe, ne vous inquiétez pas! Dites-vous que la spirale où vous vous situez est en train de se réduire, seulement, il ne faudra pas abandonner ou laisser dominer les vieilles habitudes, au moment où vous commencerez, cela débutera également un nouveau cycle tourné vers le positif, dont les circonstances que vous apporterez créeront une nouvelle spirale qui grandira par un phénomène de cause à effet, et réduiront l'impact de l'univers négatif que vous vous êtes créé. Ne soyez jamais pressé d'obtenir des résultats, car cela vous place dans un schéma de manque. Contentez-vous de faire chaque jour au mieux pour améliorer votre situation, ce sera dur, je sais, mais le plus important, est de toujours y croire, avoir la foi. Créez la cause, et vous obtiendrez l'effet!

Ce que je vous recommanderais est de commencer dès maintenant sans vous trouver d'excuses, ce sont les faibles qui en ont, et non les personnes voulant se renforcer intérieurement.

Vous ne pourrez pas remplacer en une seule fois une vingtaine d'année de malheurs et d'échecs, au mieux, il faudra une année complète à trois ans, au pire, cela peut prendre des années, mais quoi qu'il en soit, même si vous n'avez pas la vie désirée la première année, vous en ressentirez les impacts sur votre quotidien, vous remarquerez des changements dans votre entourage, ce sera des petits signes, des attentions que l'on vous apportera, même des personnes avec qui vous n'avez pas eu de contact depuis longtemps, reviendront vers vous, pourquoi? Parce que tout ce que vous aurez apporté à l'univers aura commencé à faire son oeuvre. Dès que vous verrez les premiers signes, cela signifiera que vous êtes sur la bonne voie, alors, quand cela se produira, ne lâchez rien et avancez, ne laissez pas la fatalité que vous avez créée dans votre vie vous dominer!

La force des habitudes

Si vous vous attelez à votre tâche tous les jours, et cela, peu importe le temps que vous y consacrez, cela deviendra vos habitudes, votre subconscient accepte mieux les changements avec le temps.

Tout le monde a tendance à abandonner au bout de quelques jours, tout simplement parce que vous êtes en proie à vos anciennes habitudes ancrées en vous.

Pour un jeune débutant dans le monde professionnel, il est toujours encadré par un formateur qui lui explique le fonctionnement de son poste de travail, et pour quelqu'un qui fait bien son boulot, il le laisse essayer, pourquoi?

Si le jeune ne prend que des notes, il aura beau les apprendre par coeur, mais il ne saura pas à quoi les associer, il n'y aura pas de référence visuel, tactile ou auditive, la mémoire fonctionne avec les cinq sens, s'il ne voit pas l'objet, qui peut être un pont élévateur, un ordinateur, ou un véhicule de transport, si la théorie n'est pas accompagnée de la mise en pratique, ce serait comme un été sans soleil, Emmanuel Macron sans Brigitte, Donald Trump sans Mc Donalds ou encore François Hollande sans charisme...... (oublions ce dernier exemple....!).

Juste pour vous dire que lire le résumé d'un livre ne vous raconte pas tout le livre, et je suis même persuadé que la plupart ayant vu mon livre et ne l'ayant pas lu, n'en tireront pas tous les bénéfices, ils diront que le sujet est intéressant sans en connaître les détails et les petits secrets, dont celui que l'on m'a confié il y a quelque temps au casino de Chamonix.

Pour le cas de notre jeune homme, prendre des note et se contenter de dire « *ok, c'est compris!* », c'est juste pour que le formateur le laisse tranquille, car il ne semble pas très emballé s'il ne pose pas de question, le lendemain matin, il sera perdu avec ses maigres notes.

Alors, il posera des questions au formateur du genre « *pouvez-vous me montrer comment faire?* », ce dernier lui expliquera tout pendant une période de 15 jours à un mois (si après, le jeune ne comprend toujours rien, c'est qu'il ne montre pas un vif intérêt à son poste de travail).

Son subconscient envoie un signal à sa conscience lui exposant son vif intérêt ou non au sujet exposé, s'il est enthousiaste, il posera des questions pour récolter les informations manquantes, par contre, si son sentiment, c'est l'ennui, il rejettera complétement, son attention étant porté ailleurs, notamment sur la secrétaire à la photocopieuse qui serait curieux de connaître au moment de la pause café.

Aussi, le changement d'environnement modifie le subconscient, bien que l'ancien reste gravé dans la conscience, il sera stocké dans un endroit très loin au fond de votre mémoire et les sentiments s'y afférant, au fond du subconscient.

Au début de sa vie professionnelle, l'étudiant garde les traces de son milieu scolaire qui dominent ses pensées qui ont dominé toute son enfance par la force des habitudes.

Plus celui-ci se conformera à son nouvel environnement et à ses moeurs, et plus celui-ci dominera, laissant s'éloigner les connaissances acquises par manque de mise en pratique.

Le subconscient, grand décideur, ne voit plus l'intérêt de connaître les maths, l'histoire ou le français parce que ce jeune individu est tout simplement passé à autre chose.

Ce qui lui aurait permis de conserver toutes ses facultés cognitives, c'est la passion, si un étudiant n'a pas cette fibre en lui, il n'arrive à rien (malheureusement).

Des ambitions tant malmenées

« *Quand je serai grand, je serai policier, ou pilote d'avion, ou astronaute......* », nous avons tous songé étant enfants à notre futur métier, prenant exemple sur des personnes connues comme Alain Prost et Michel Platini (pour ceux de ma génération, ou Thomas Pesquet (pour les plus jeunes), cependant, nos rêves sont restés des rêves, car en grandissant, ces projets semblaient encore lointains, au lieu de voir que l'on s'en rapprochait.

Comment est ce possible? Notre système éducatif nous aurait permis d'atteindre plus ou moins nos objectifs si nous n'étions pas distrait par des émissions jeunesse, les jeux vidéo ou les films, notre esprit était orienté ailleurs que dans l'éducation, le subconscient a rejeté bon nombre d'informations utiles à notre conscience, car il y a le plaisir dominant, nos parents en sont en grande partie responsable, en nous laissant regarder des dessins animés ou en nous achetant une Playstation (cela n'existait pas encore à mon époque). N'avez-vous jamais remarqué que ceux qui réussissent le mieux sont justement les enfants de ceux qui ont réussi eux-même?

Une de mes ex petites amies quand j'étais plus jeune était issue d'une famille dont la mère était professeur des écoles et le père commerçant, mon ex-copine était elle-même devenue professeur des écoles, et un peu plus tard, directrice de maternelle à seulement 23 ans.

Comment se passait le quotidien de cette famille dont j'étais l'invité? (ils ne m'avaient pas encore accepté venant d'un milieu ouvrier). Tous les matins, le réveil était très matinal, le petit déjeuner équilibré, et une chose que l'on faisait, car j'y étais convié, ce sont les bénédicités et la lecture d'un passage de la bible, pour moi, ce fut nouveau et j'ai cru venir d'une autre planète, trouvant ceci un peu « curieux ». Le plus étrange, car c'est la première fois que je voyais ceci dans une famille, il n'y avait pas de télé, du moins, il n'y en avait qu'une seule qui a dû connaître la nomination de François Mitterand à la présidence de la République, pour dire qu'elle était déjà vieille (nous étions en Août 2003). Elle était installée dans une salle en bas, remisée entre de vieux livres et recouverte d'un drap. Durant toute la période où j'ai connu mon ex petite amie, elle n'a été allumée qu'une seule fois à l'occasion d'un match de foot, le père étant très fan. 1h30 de fonctionnement avant d'être recouvert de ce drap.

Mon ex-petite amie n'a pas vraiment connu la télévision, certains d'entre nous diront qu'elle a vécu dans une grotte, mais c'est ce qui lui a permis de consacrer tout son esprit à l'éducation, n'ayant connu quasiment que ça comme distraction, son subconscient l'a accepté par l'habitude.

Nous, petits hommes que nous étions, nous rêvions de succès, de célébrité, nous regardions des films de nos acteurs préférés, nous n'étions que spectateur.......et nous le sommes toujours pour la grande majorité d'entre nous.

Et si nous avions appris à être des acteurs? Nous aurions étudié le théâtre, le chant, les maths, cela nous aurait permis d'être mieux cultivé, cela aurait fait partie de notre quotidien et notre subconscient l'aurait accepté comme ce vieil ami que l'on invite pour prendre un apéritif.

Heureusement pour vous, comme pour moi, nous pouvons inverser la tendance et forcer un peu la main à notre subconscient , vous voulez rattraper le coup? Très bonne chose, mais ne traînez pas, le temps passe à une telle allure que votre conscience dira à votre subconscient « V*ous êtes devenu trop vieux pour ça!* ». Osez le premier pas! C'est le plus important! peu importe le temps que cela mettra, ne pensez pas en termes de durée et vivez l'instant présent, faites-le !! Arrêtez de reporter à un an, deux ans, trois ans, vous aurez quel âge quand vous aurez décidé? Surtout s'il vous faut dix ans pour y parvenir, cette même durée est reportée à chaque fois.

Forcez votre subconscient, mettez le pied dans l'entrebâillement de sa porte! Une maison se construit toujours avec des fondations solides, si le travail est laborieux pour la construire, vous aurez ensuite tout le temps de vous reposer dedans, fier, de l'exploit accompli. L'effort d'apprendre, d'ouvrir un livre, si vous n'êtes pas habitué, au début, vous trouverez ceci ennuyeux, mais si vous contrariez un peu votre subconscient, ne le laissez pas vous dominer, il aura assez dessiné votre vie, il est temps de reprendre le contrôle.

Bannissez ce que vous aimez et accueillez ce que vous detestez !

C'est une partie du secret dont je vous ai parlé dans mon premier livre pour ceux qui l'ont lu.

Si sur votre table se présente un gros gâteau à la fraise à côté d'un biscuit diététique, que choisiriez-vous? Ce dernier me diriez-vous, c'est la réponse consciente, celle que tout le monde pourrait dire par conditionnement social, mais le mangeriez-vous? Votre réponse sera *«bien-sûr que oui!»*, c'est votre morale qui parle et non le subconscient qui aura de temps à autre le regard posé sur la pâtisserie, elle vous tente et vous essayez de lui résister.

Si nous mettons du sel sur le gâteau, le mangeriez-vous ? Votre réponse sera clairement *«non!»* votre subconscient vous enverra le signal du dégoût, vous imaginez l'amertume de celui-ci, et pourtant..... Si je vous engageais à le manger contre un chèque de 1000€, vous le feriez? Votre réponse semble changer, votre subconscient agit sur les priorités, et si je vous le demandais de le faire pendant un mois, votre corps trouvera ça immangeable, mais votre esprit en redemandera, car il s'habituera, détruisant au passage votre organisme, c'est pourtant ce qu'il se passe avec 'alimentation grasse, sucrée ou salée, ce n'est pas votre corps qui en redemande, c'est votre subconscient qui a assimilé cette donnée à du plaisir, surtout n'ayant que ce genre d'alimentation sous la main, quand vous fumez, consommez de l'alcool, ou quand vous touchez des drogues, cela ne soulage en rien votre corps, ça le détruit, mais les stimulus neuro-associatifs sont en action, et assimilent ces substances à du plaisir.

Forcez le mécanisme en associant l'alcool, la cigarette ou la drogue à de la douleur, trouvez un maximum de substituts négatifs qui provoquent le rejet, et plus vous le ferez, plus vous habituerez votre subconscient à ces nouvelles informations, en un jour, rien ne se produira, il faut compter au moins quelques mois, voir, une année entière pour sortir de ces fléaux.

Le processus peut aussi fonctionner dans l'autre sens, prenez un livre que vous ne liriez pas en temps normal car vous trouvez ça ennuyeux ou difficile à comprendre, habituez votre subconscient aux changements, et votre connaissance va s'acroître aussi vite que la facilité et l'envie de continuer, cela deviendrait même votre propre drogue, addict de la lecture.

Bien dans son corps et bien dans sa tête

Sur internet, il y a de nombreux coachs de vie, dont deux des plus connus sont Max Piccinini et Franck Nicolas, dont tous les deux ont écrit des ouvrages sur le développement personnel qui sont devenu depuis peu et au moment où j'écris ces lignes des best-sellers (*Confiance Illimitée* pour Franck Nicolas et *Réussite Max* pour Max Piccinini).

Ils connaissent le succès, ce sont des symboles de la réussite, et cela démontre que tout est possible, car ils ont eu un parcours difficile, mais ils y sont parvenu, tout ceci en ne partant de rien.

Comme déjà dit dans ce livre, et d'ailleurs une vidéo de Max Piccinini peut en témoigner, il évoque ses souvenirs d'enfance, né d'une famille modeste et vivant à Strasbourg, il était dans un climat malsain où régnaient les disputes entre ses parents. Il voulait se lancer dans les affaires, et cela ne marchait pas très fort pour lui, plusieurs tentatives l'ayant conduit à l'échec. Un jour, sa mère lui offrit un livre de Dale Carnegie « *Comment se faire des amis?* ». En le lisant, il comprit d'où venait le problème et il le dit lui-même dans cette vidéo intitulée « *mon histoire* », pour changer son monde extérieur, il devait changer son monde intérieur. En remplaçant chaque ancienne croyance par de nouvelles toujours tirées vers le haut, étape par étape, il gravit les échelons. Actuellement, il est millionnaire et continue d'exercer en tant que coach de vie en développement personnel en organisant des séminaires.

Les messages qu'ils passent en boucle sur les réseaux sociaux, que ce soit en provenance de Max ou d'un autre ramènent à un seul but, la découverte de son « soi supérieur ».

Le point commun entre ces coachs est le dépassement de ses capacités, ils nous montrent comment ne jamais abandonner. Ils font du sport et s'entraînent quotidiennement, et aussi, ils sont en permanence à la recherche de ce qui pourrait les pousser au-delà de ce qu'ils connaissent. La leçon qu'ils nous donnent est que malgré tous nos objectifs atteints, il faut continuer et ne jamais se laisser aller.

Leur secret? Une bonne hygiène de vie à la fois mentale et physique. Car il ne suffit pas de réorienter son esprit vers le positive, il faut maintenir une constance dans ses pensées, cela ne se fait pas en une seule fois, et la persévérance paie

À côté d'eux, un individu vivant dans ce que l'on pourrait appeler « la classe moyenne » semblerait rachitique. Sans entraînement, son cerveau, maigre en connaissances et en entraînement, fait ce que l'on pourrait appeler « un claquage ».

Avec les outils de la connaissance, vous serez un peu plus cultivé, et de l'entraînement physique, vous vous sentirez mieux dans votre peau et vos complexes s'atténueront, un grand pas sera franchi et il ne vous restera plus qu'à acquérir au fil du temps de la confiance en soi, cela viendra naturellement, et si vous vous faites violence, en vous imposant un rythme quotidien, cela rentrera dans votre schéma comportemental et cela inconsciemment.

Un haltérophile professionnel commence toujours par de petits poids afin de préparer ses muscles à soulever de plus en plus lourd. Il veut être le meilleur et toujours progresser, mais il a conscience pour arriver à ce niveau, il faut y aller progressivement.

Une personne voulant se mettre à la culture physique juste pour imiter ses camarades ou impressionner sa copine « calera», il prendra des poids de 25 kg sans préparation, et il fera un claquage musculaire.

Bien sûr, il y a des personnes au-dessus de vous, mais à quoi doivent-ils leur réussite? En voulant tout et tout de suite? Non, par le travail acharné, ils ont commencé au bas de l'échelle pour la plupart, sans prétention, ils ont évolué dans la vie progressivement, en commençant par ce qui leur était accessible, puis, petit à petit, ils ont continué à grandir. Il faut avant tout s'adapter avant de progresser.

Vous conditionnerez votre corps à accepter des charges de plus en plus lourdes, et c'est le même parcours que prend la culture littéraire, il n'y a pas de honte à débuter au plus bas, notre corps et notre esprit ont besoin de s'habituer au nouveau régime, et tout cela par la force des habitudes.

Se battre contre l'envie d'abandonner

Que ce soit pour ce livre ou le premier, de nombreuses fois, j'ai senti que j'allais abandonner, ne pensant pas aller dans la bonne direction, mais j'ai pris le ferme engagement de le finir coûte que coûte. La preuve est ici, entre vos mains.

Il existe un petit diablotin en chacun de nous qui nous incite à abandonner facilement, il y a des jours où je ne me sentais pas en état de continuer, et pourtant, je l'ai fait.

Tant de fois, nous sommes aspirés dans la spirale de l'abandon (souvenez-vous ! « les cycles » dont je parlais dans mon premier livre !), vous êtes entraîné dans un enchainement d'événements qui vous tirent vers le bas, vous écoutez cette petite voix en vous qui vous murmure « *ça ne sert à rien de continuer, allez! Viens avec moi dans mon univers de l'échec! ».*

Quand le courant vous semble fort, vous devez ramer davantage et vous éloigner de cette spirale et rejoindre la terre ferme qui symbolise votre réussite.

Toujours avancer malgré tout, même quand le doute ou le découragement vous envahissent. Continuez d'avancer quand même! Avec des petits riens, quand l'inspiration vient à manquer, dites-vous que vous avez un contrat à honorer avec vous-même, obligez et forcez votre subconscient à accepter le contrat, ce sera dur au début, mais si vous regardez votre projet comme un but à atteindre, vous aurez les outils vous permettant de construire le pont menant à la réussite de celui-ci.

Le succès ne dépend pas de la longueur du pas, cela reste le pas. Construisez votre pont et avancez, peu importe aussi la taille des pierres pour le construire, elles sont toutes aussi importantes.

La force des habitudes entrera en vous, ce sera pénible, je sais, mais c'est la rançon du succès, et finalement, quelle belle récompense vous aurez acquis.

La patience et la persévérance vous aideront à mener à bien vos projets, ne brûlez pas les étapes, allez y tranquillement avec assurance et détermination.

Le syndrome de la page blanche

À l'heure où j'écris ces lignes, je suis envahi par une multitude de pensées et l'inspiration me manque. Je suis victime de ce qui s'appelle, le syndrome de la page blanche.

Bien sûr, je ne m'écarte pas de mes objectifs, en continuant malgré tout, et cela me permet de m'exprimer sur le sujet, et il peut être intéressant d'en parler.

Mon esprit semble bloqué sur les soucis du moment, et je m'efforce d'en faire abstraction. Actuellement, mille et une pensées traversent mon esprit et j'ai du mal à rester concentré.

Dans mon premier livre, j'ai évoqué l'intérêt de transformer ses faiblesses en forces et de s'inspirer des éléments mis à notre disposition. Je peux dire que cette situation tombe à point nommé (étonnant non?).

Quand cela vous arrive, cela est tout à fait normal d'avoir des moments de doutes, mais l'essentiel reste de se prendre en main le plus vite possible.

Gardez le cap dans vos projets, cela doit être votre moteur, votre source de motivation, l'effort et la récompense qui viendra ensuite. Je me promets de ne pas abandonner, en cela, reprendre un rythme de croisière est essentiel.

Je vous dis pourquoi je me trouve dans une telle situation, il y a une semaine de cela, j'ai effectué un cours séjour à Cannes avec ma compagne, à profiter des beaux jours de l'été. Ce break était nécessaire, travaillant plus de 12 heures par jour sur mes projets, ma compagne m'a demandé de faire une pause afin de remettre mes idées en place, ce fut agréable, me laissant bercer par les émotions du moment, on pourrait y rester des années, le temps s'arrête et l'on profite du moment. Mais la reprise fut difficile. La réalité nous rattrape et nous devons nous remettre au boulot, c'est le lot de tout à chacun.

C'est pour cela que j'appuie sur l'intérêt de travailler quotidiennement, afin que le cerveau garde un rythme et s'habitue, il faut se faire violence, comme remonter à vélo après une chute. Si je peux vous conseiller là-dessus, gardez toujours un point fixe, c'est votre objectif, et peu importe comment on obtient le résultat, cela reste le résultat.

**PARTIE 2: CONSEILS ET TECHNIQUES
DE REPROGRAMMATION**

CHAPITRE 8 : CONSEILS DE REPROGRAMMATION

« C'est au moment où nous nous y attendons le moins que la vie nous propose un défi destiné à tester notre courage et notre volonté de changement, alors, il est inutile de feindre que rien n'arrive ou de se défiler en disant que nous ne sommes pas encore prêts. »

(Paulo Coelho)

Quels sont les premières étapes de la reprogrammation du subconscient?

Avant toutes choses, et afin de devenir la personne que vous avez toujours voulu être et de changer d'environnemment, pour cela, il faudra rompre avec plusieurs de vos fréquentations que vous jugez toxiques pour vous, cette information, je ne peux pas vous la donner, vous seuls connaissez vos proches, mais ils sont faciles à reconnaître, ce sont des personnes qui rencontrent souvent des problèmes et qu'ils en créent.

Comme je l'ai déjà évoqué dans mon premier livre, « *On n'a rien sans rien!* ».

Si vous voulez changer de vie, améliorer votre quotidien, il vous faudra soigner vos fréquentations, en somme, changer de cercle, de milieu socio-culturel, pour deux raisons :

- Ne plus être considéré parmi les mauvaises personnes.

- Tirer les enseignements de votre nouveau cercle.

Faites-vous de nouvelles connaissances, apprenez un peu plus sur eux, passionnez-vous, et surtout, lisez beaucoup! Cela ne peut pas vous faire de mal, et un minimum de culture est quand même requis.

C'est le prix à payer pour réussir, se détacher de son milieu et en fréquenter un autre mieux adapté à ce que vous voulez devenir. Le mécanisme devra se faire non brutalement, comme caresser un chat dans le sens du poil, ce tendre animal vous fera confiance et acceptera vos attentions. Par contre, si vous avez la main trop lourde, gare aux griffures, il se méfiera de vous.

Il n'y a aucune différence en terme d'environnement entre se retrouver sans technologie ou téléphone sur une île déserte et devenir riche, ces deux situations étant étrangères à votre cadre de vie, métro, boulot, et dodo (pour le reste, c'est à votre guise et cela ne me regarde pas!), dont vous connaissez les rouages par coeur.

Ces codes socio-culturels des personnes riches, il vous faudra les apprendre, essayer de baigner dans ce milieu en se documentant, en allant au restaurant et dans des soirées organisées, pour vous imprégner de cet ambiance feutrée.

De préférence, avant toutes choses, documentez-vous! Cela vous évitera que l'on vous regarde comme une personne se croyant à un relai routier « chez Paulette », il n'y a pas de rôti de veau sauce échalote, mais des plats plus raffinés, le comportement joue beaucoup pour que vous soyez accepté dans ce monde.

Dans un deuxième temps, il vous faudra des notions de gestion du patrimoine, là encore, des livres sur le sujet ne manquent pas! Vous obtiendrez de nouvelles informations, et inconsciemment, sans forcément tout retenir du premier coup, cela sera une première approche.

Pour rajouter un élément à ce court passage, lors de vos conversations, ne parlez pas trop, mais laissez parler votre interlocuteur, un ratio de 20% de paroles pour 80% d'informations récoltées, évitez de vous positionner en expert, vous vous ramasseriez sans l'ombre d'un doute. L'individu en face de vous a fait des étude, possède une plus grande connaissance que vous, il est professionnel, donc, faites-vous bercer par le dialogue de votre interlocuteur.

Vous obtiendrez de lui une mine d'or, il appréciera que vous l'écoutiez s'il ressent que vous êtes curieux, ne lésinez pas sur les questions, allez y! Passez de l'égoïste à l'altruiste, cela se ressentira au travers de vous, vous « transpirerez » la sympathie, et votre interlocuteur aura le sentiment que l'on s'intéresse à lui, et il se mettra de plus en plus en confiance.

Posez des questions en ne laissant pas transparaître votre ignorance, par exemple, lors d'une exposition de peinture, prenez l'air intrigué par une toile de Modigliani (peu importe si vous ne savez pas qui c'est), « faite mine de » à votre voisin d'à côté en disant des choses comme « intérressant », « c'est étrange! », « que pensez-vous de cette toile? » (histoire de glaner les informations).

Au fur et à mesure de cette manoeuvre, vous deviendrez un peu plus expérimenté, sans forcément faire d'études aux beaux-arts, mais en glanant.

La direction à prendre dans la vie

Vos pensées vous sont personnelles, et personne ne peut vous influencer sur ce que vous voulez réellement, vous êtes libre de vos opinions politiques, sur la société, de vos choix de carrière. Vous rencontrerez tout au long de votre existences des personnes voulant vous faire changer de cap, mais en réalité, celles-ci n'aimeraient pas vous voir réussir, ce sont des influenceurs.

Ce que vous voulez réellement doit provenir de votre ressenti, c'est votre coeur qui doit parler et à votre esprit de réfléchir.

Tout le monde ne pense pas comme vous, il faut vous en faire à l'idée, et heureusement qu'il y a des opinions différentes, car elles ouvrent le débat.

Alors, chassez le gros Lulu ou la Nelly Olson de votre mémoire, ils n'ont été qu'un passage de votre vie, mais ne font pas votre vie, et votre rencontre avec ce genre d'individus doivent être un booster et non un frein, les expériences du passé doivent vous renforcer et c'est comme ceci que vous devriez voir les choses.

Pour vous donner un indice sur ce que vous devriez faire, il suffit d'écouter son coeur. Si vous avez de la passion pour un ou des métiers, c'est dans ces voies que vous devriez vous diriger. Cherchez ce qui donne le plus d'intensité à vos émotions, c'est ce qui donne un côté palpitant à votre existence.

Ne laissez pas la peur dominer votre vie, combattez-la, ignorez les moqueries, des fois, il suffit de se dire « *Oh et puis zut! Je me lance!* », et à partir de ce moment précis, donnez-vous des moyens! À l'ère d'internet et d'autres supports de communications, vous avez à votre disposition une ribambelle d'outils qui pourront vous servir.

Quand vous n'osez pas, c'est en majeure partie par manque de volonté, mais celui-ci est issu de votre manque de confiance en vous provenant d'un manque d'informations?

« *Comment y parvenir?* » « *Est ce que je suis fait pour ce métier?* » "Où est ce que je vais? » ce sont quelques questions qui trottent dans votre esprit qui tourne en rond ne savant pas quoi faire.

Pour réussir et être une meilleure version de vous-même, il vous faudra surpasser vos peurs et vos doutes, ne pas partir défaitiste et être aussi « *curieux de tout* ».

Ouvrez les livres, poussez les portes des organismes de formations, et cela, même si votre subconscient vous murmure de ne pas essayer, écoutez votre coeur et laissez parler vos émotions. La peur, c'est ce qui vous empêche de parvenir à vos rêves, brisez cette barrière.

Plus vous sentirez cette sensation de peur et de doute extérieurement dans ce qui vous passionne intérieurement, et plus vous serez proche du but.

Quand vous savez exactement ce que vous voulez, ne vous détournez en aucun cas du chemin que votre coeur vous a dicté, ceci est votre but ultime dans la vie, rien ne sera simple, mais il faudra travailler dur pour y parvenir, et personne d'autre que vous-même ne peut vous influencer sur ça.

Vous n'êtes ni incapable, ni nuls, mais vous manquez d'entraînement

Le seul responsable de votre vie, c'est vous. En fait, pas toujours, quand nous étions enfants, les adultes nous ont inculqués des champs de valeurs.nous avons tous évolué dans notre milieu social, et connu que les informations s'y référant.

Il n'est jamais trop tard pour se reprendre en main, la vie est une succession de possibilités, à nous de les saisir, soit suivre les croyances que l'on nous a appris, soit démontrer le contraire de tout ce que l'on vous a appris, et que ceux qui vous ont critiqué ont tort, et c'est sur cette base qu'il faudra travailler votre esprit, créer des idées neuves qui occulteront les idées reçues.

Dès à présent, entrainez-vous à penser autrement. Vous n'êtes pas incapables, mais il est vrai que vous manquez d'informations et qu'il vous faut les rechercher.

Plus vous en saurez, et plus, tous ceux qui vous rabaissaient vous sembleront des ignorants. Bien-sûr, ils continueront à vous critiquer, mais tant qu'ils penseront cela, ils auront le choc de leur vie quand ils découvriront à quel niveau vous êtes par rapport à eux, et ils se mettront à vous jalouser, car dans le fond, il existe bien des personnes contentes de notre malheur, ce qui permet pour eux d'asseoir leur égo pour leur permettre d'exister.

Les restrictions de notre subconscient

Elles sont propres à l'individu et se résument à un esprit peu entraîné, il se limite par manque d'habitude, quand vous lisez un livre par exemple, vous allez trouver ceci ennuyeux ou barbant soit parce que le défi de lire plus de 200 pages vous semble insurmontable, soit parce que vous ne comprenez pas un traitre mot de ce qui est raconté dedans, ne connaissant aucun des termes barbares employés par l'auteur.

Notre cerveau, au même titre que nos muscles, a besoin d'entraînement et d'éléments nutritifs pour fonctionner.

Si je fais un comparatif entre soulever des poids de 25kg et se cultiver, dans les deux cas, il vous faut de l'entraînement.

Sans ceci, si votre objectif est d'être capable de faire une vingtaine de mouvements en soulevant des poids plus importants que ce que votre cerveau vous laisse croire (bien sûr, vous en serez capable un jour, mais pas dès le départ), vous « calerez », plus vous ferez d'efforts, et plus cela vous semblera insurmontable, car vous voulez tout et tout de suite, à savoir que pour de nombreux haltérophiles ou relativement, ceux qui réussissent, ont un très bon moyen d'arriver à leurs fins grâce à des outils qui s'appellent « la patience » et « la persévérance ».

Pour cela, il faut vous créer un emploi du temps dans votre esprit, vous dire que tous les jours, vous faites tels exercices, dans mon cas par exemple, je me consacre à la lecture au moins une heure par jour, et une autre heure consacrée à l'écriture, et selon l'enthousiasme, je peux en faire un peu plus.

Tenez vos objectifs en tête, il faut ramer un peu pour atteindre la terre promise, le bateau n'avancera pas tout seul, et vous déviera vers une autre destination où vous ne souhaitez pas réellement aller.

Chaque jour, faites de petits efforts, intégrez les dans vos habitudes, et plus cela vous semblera facile, et plus vous progresserez au cran au-dessus grâce à l'habitude générée, vous récolterez le fruit de vos efforts.

À une période de ma vie, j'étais fasciné par un écrivain, J.R.R TOLKIEN que vous connaissez sans doute vous aussi pour avoir écrit la trilogie du seigneur des anneaux.

J'ai découvert cet auteur grà¢ce à mon parrain qui m'a prêté un de ses livres intitulé « Bilbo le Hobbit ». Au passage, je vous recommande de le lire, vous découvrirez la signification de posséder un « véritable trésor ».

Que vous me croyez ou non, à l'intérieur de vous se trouve une grande mine d'or qui ne demande qu'à être exploitée, seulement, à un moment de votre vie, vous avez arrêté de creuser de nombreuses galeries menant à de véritables trésors. Il vous manquait les outils nécessaires, des pelles, des pioches, etc.... Pour accéder à ces réserves en vous.

Ces outils, vous les obtenez par l'information qui vous fournit tout ce dont vous avez besoin pour creuser davantage et encore plus profond dans votre esprit, révélant ainsi de magnifiques gisements.

Pour revenir à la trilogie du seigneur des anneaux, ne vous lancez pas dans l'aventure de lire toute la trilogie, ne vous mettez pas d'emblée cet objectif en tête, vous allez à coup sur vous décourager, je vous recommande de commencer petit, par des ouvrages ne faisant que 150 ou 200 pages. Au passage, un livre comme celui de Florence Schoven Shin intitulé « *La porte secrète menant à la réussite* » ne fait que 140 pages, et il est facile à lire.

Un livre, c'est sacré, on n'en n'achète pas un par effet de mode, ou pour compléter sa bibliothèque afin de donner de la lecture aux araignées qui tisseront leurs toiles dessus, on s'en procure un parce que l'auteur nous intéresse réellement, parce que l'histoire nous intéresse et que l'on a envie de découvrir l'histoire, ou aussi parce que nous sommes en quête d'informations. Aussi, un écrivain, au travers de ses écrits, a un message à faire passer, une histoire à raconter qu'il ne veut pas voir partir aux oubliettes.

Plus votre cerveau sera entraîné à accepter l'information, et plus, votre soif de connaissances grandira, il y en a même qui deviennent addicts.

faire le vide dans son esprit

Pour se détacher de son ancienne vie et être la personne que vous avez toujours voulu être, il est nécessaire de faire le vide dans votre esprit, pour cela, il vous faudra vous installer sur une chaise ou vous allonger sur le lit, ensuite, ne pensez plus à rien.

Vous devez vous entraîner à faire le vide dans votre tête tous les jours, ou si vous ne le pouvez pas, le plus régulièrement possible, ne plus penser aux événements douloureux de la journée, aux mauvaises nouvelles, un patron irritable, la voiture qui tombe en panne......, faîtes taire toutes ces vilaines pensées.

Pour vous y aider, fixez un point précis de la pièce, par exemple, un bibelot, le téléphone, ou une canette posée sur la table. Concentrez-vous uniquement sur cet objet.

Commencez à apprécier ce petit moment de calme, et concentrez-vous sur votre objectif, même si pour le moment, cela a la forme d'une canette ou d'un bibelot.

Tirez le bon grain de l'ivraie

Dans toutes les situations de notre existence, nous avons tous du bon comme du mauvais, une part d'événements douloureux cache quelque chose de mieux pour nous, il suffit de le déceler.

Quand mon père est décédé en 2011, j'ai cru que le monde s'effondrait tout autour de moi, tellement abasourdi par ce douloureux événement qu'il m'était impossible de penser correctement, j'étais perdu. C'était un de mes piliers qui venait de s'effondrer. Il était urgent pour moi de me ressaisir et de ne pas laisser la situation me dominer, c'est à un de ces moments précis que nous apprenons à nous responsabiliser et à être plus fort mentalement, ne serait ce pour ceux qui n'ont pas cette capacité de s'en remettre au plus vite.

Nous sommes tous des piliers dans la vie, nous sommes toujours utiles à l'humanité quand nous décidons de ne pas baisser les bras, et c'est à partir de ce moment que nous découvrons notre force intérieure. À cela, que pourrais-je vous offrir afin de devenir une personne plus forte mentalement?

Tout est presque dit dans ce livre, mais j'aimerais appuyer sur certains points importants, comme le reconditionnement du subconscient par connexion neuro-associative.

Cette méthode consiste à tirer le bon de tous les mauvais moments de votre existence, je vous donne un exemple, si vous lisez actuellement mon livre, c'est que vous êtes encore en vie et qu'il réside en vous cette petite voix intérieure qui vous pousse à agir, d'un autre côté, votre subconscient vous bloque en disant « *Je ne peux pas!* »

Dans un premier temps, quand vous songez à votre vie passée, dans tous les moments douloureux, le gros Lulu qui vous harcelait dans la cours de l'école, dites-vous qu'il vous a rendu plus fort mentalement.

Généralement, ces individus qui vous terrorisaient quand vous étiez plus jeunes se rapprochent presque de ce que l'on pourrait appeler "les pervers narcissiques".

Ils ont besoin d'asseoir leur domination sur quelqu'un de plus faible par souci d'assurance personnel, envers ses camarades afin de faire partie de la bande, mais sans eux, il ne serait rien. Ce sont à l'origine des personnes faibles qui ne veulent rien laisser transparaître, et le fait de vous dominer étant enfant leur apportaient un sentiment de supériorité, cela le rendait plus fort.

Ces personnes dans ce cas, reportent leurs faiblesses sur quelqu'un d'autre, ils ne sont jamais responsables et s'ils ne changent pas de cap, ne le seront jamais.

Que veut dire être responsable dans ce sens, cela veut dire "prendre sur soi", "assumer", "reconnaître ses erreurs", ce dernier étant une qualité dite "noble", ce qu'il y a de mieux encore, c'est la possibilité de s'auto-corriger, de se raisonner. Ensuite, dites-vous que vous êtes et serez toujours plus forts que tous ceux qui vous ont rabaissé.

Ne tombez jamais dans le piège de la critique (l'ivraie) et prenez ceci de manière constructive (le bon grain), car le jugement et les critiques acerbes ne peuvent aller que dans deux directions si vous méditez sur ce que je vous apprends, l'auto-correction et la substitution, c'est-à-dire, prendre acte de ses erreurs, et relativiser sur tout ce que l'on vous dit, et par qui cela est dit, et aussi retenez ceci, en tout état de cause :

"VOUS CONNAISSEZ VOTRE PROPRE VALEUR"

Relativisez chacun des événements de manière positive, si vous n'aviez pas connu "le gros Lulu" dans votre vie, vous seriez plus fort aujourd'hui.

Le dehors reflète le dedans

Cela peut vous paraître surprenant ce que je vous dis là, si vous n'avez pas encore assimilé le pouvoir de l'auto-suggestion consciente et inconsciente. Je vais tenter d'être le plus explicite au possible, car j'ai très envie que vous réussissiez dans votre vie, c'est la mission de cet ouvrage, vous donner les clés ouvrant les portes d'une meilleure existence.

Le monde que vous construisez dans votre imaginaire doit "transpirer" vers l'extérieur, c'est-à-dire, ramener son esprit en adéquation avec tout ce qu'il se passe autour de vous.

Pour faire simple, imaginons que vous ayez un compte bancaire souvent à découvert, et que vos fins de mois sont difficiles, les lettres de relance vous le rappelle constamment, et votre subconscient est toujours en phase avec cette situation, habitué à ces circonstances, il se fera une raison, et il sera difficile pour vous d'être connecté aux circonstances positives. L'autosuggestion consciente et inconsciente ne suffiront pas.

Vous idéalisez votre vie, mais votre perception et sentiments vis-à-vis du monde extérieur n'est pas connecté.

Si bien que quand vous imaginez être riche et prospère, ce n'est pas le cas dans le monde réel.

Pourquoi la matérialisation de vos désirs ne fonctionne-t-elle pas?

Parce que vous n'êtes simplement pas en phase avec le monde extérieur, vous percevez et ressentez le moment présent, il y a inadéquation entre for intérieur, convaincu que vous n'y arriverez pas, car vous vous êtes forgé une réalité plutôt terne, vous n'avez pas l'intime conviction que les choses changeront malgré vos pensées et suggestions positives.

Le plus simple serait de lâcher prise, vous ne pourrez pas empêcher les choses en cours de se produire, ces événements sont bels et bien présent dans votre vie.

En revanche, vous pouvez, dès à présent, en amortir les impacts, en ne cherchant pas à provoquer les événements complexes.

Demandez-vous comment vous pouvez améliorer cette situation en relevant point par point sur une feuille ce qui provoque vos problèmes. Est-ce-que vous fumez ou buvez? Avez-vous un premier emploi qui vous procure des revenus décents? Déterminez ce que vous gagnez et ce que vous dépensez, et relevez les points que vous pouvez améliorer! Tout ceci pour rapprocher le conscient et l'inconscient, ce que vous imaginez doit provenir de l'extérieur, tout doit se ressentir au dehors, autour de vous. Alors, arrêtez-vous un instant et demandez-vous « *Alors, qu'est-ce que je fais?* » d'un côté, il y a le monde réel avec ses contraintes et ses problèmes que vous devez améliorer, et de l'autre, il y a l'imaginaire où le sentiment prédominant est l'incertitude.

Quelle direction prendre afin de retrouver un état d'esprit serein? Commencez à faire le tri dans vos relations et arrêtez de fréquenter des personnes n'ayant pas réellement la volonté de s'en sortir ou qui vous rabaissent. Allez dans les lieux où vous pouvez faire de bonnes rencontres, dans les bibliothèques ou associations par exemple. Réglez vos dettes en commençant par les plus petites, et cela même si vous avez des lettres de relance de plus grosses, de toute façon, vous n'aurez pas l'argent pour régler tout le monde, alors pour alléger vos problèmes, démarrez par le plus petit d'entre eux, ce qui laissera de l'espace à votre esprit pour trouver les solutions pour le reste.

Arrêtez les dépenses superflues, cela fait partie des mauvaises habitudes, même pour de petites sommes, car cela procure le sentiment de ne pas dépenser énormément, alors que de petits montants cumulés en font finalement un gros. De ce fait, votre état d'esprit ne sera plus sous l'épée de Damoclès du manque, vous aurez suffisamment pour vivre, il faut atteindre"la suffisance", ce sentiment où vous n'avez besoin de rien.

Les notions de gain et de manque

Il existe deux notions, le manque et le gain, et la réussite ou l'échec dépendent de la vision que vous avez de ceux-ci.

Parler en termes de "privation", de "somme restante" ou même "d'économie" transpirent le "manque", vous n'avez pas assez de..... Vous ne disposez pas assez de...... C'est trop peu......, toutes ces phrases sont le reflet de vos pensées, il s'agit de votre réalité.

Il est rare d'entendre quelqu'un dire "Cool, j'ai en ma possession la somme de 1€, c'est extraordinaire!" (en ne mettant pas le "encore"), le plus souvent vous entendez "il ne me reste plus qu' 1€. Vous commencez à cerner la différence?

Il vous est déjà arrivé de voir 1 centime par terre, le réflexe pour certain est de ramasser cette pièce, pour d'autres, c'est de la laisser sur le sol, car la somme semble dérisoire, et pourtant....... En ne la prenant pas, vous tournez le dos à l'argent, car vous considérez qu'elle ne vous apportera rien, alors que d'autres, considérant ceci comme un gain (sans regarder le petit montant), cette situation se reproduira quand vous n'y penserez pas, car beaucoup disent "c'est le début de la richesse!", en effet, mais l'affirmer reste dans le domaine du "manque" (vous avez besoin de..... Vous espérez que......).

Comme je l'ai déjà évoqué, vos pensées intérieures doivent "transpirer" vers l'extérieur, c'est-à-dire, réaligner votre perception qui tend vers la réalité, votre subconscient a besoin de considérer quelque chose comme "vraie", car ce que vous vivez n'est que le cumul de ce que vous avez affirmé dans toute votre vie, vous devez pour cela transformer la notion de manque par la notion de gain, si votre esprit est orienté vers elle, il attirera à vous tout ce que vous désirez. Si vous prenez la ferme décision de faire ceci, avec la force des habitudes, votre subconscient s'adaptera à économiser, mais malgré tout, il sera toujours orienté vers la notion de manque si vous regardez de trop près vos économies.

À l'intérieur de vous, il murmurera "Je ne peux pas dépenser tel montant, car je suis limité financièrement!" Pour que cela fonctionne réellement, et que vous en tiriez tous les avantages, bien au-delà de vos espérances, votre esprit doit regarder les efforts consentis et non les sacrifices pour y arriver. C'est à dire, considérer ce qu'il vous reste comme un gain que vous pouvez cumuler (cela réoriente le subconscient vers la notion d'abondance), votre perception doit être la suivante, si vous gagnez par exemple 1200€ net par mois (salaire français de référence), si vous optez pour le prélèvement automatique et qu'il vous reste 50€ ou 100€ en fin de mois, quand vous pensez "somme restante", cela influencera votre esprit vers le manque.

J'ai lu de nombreux livres sur le développement personnel, mais ce que je trouve fort dommage, c'est que la plupart de ces ouvrages ne l'expliquent pas clairement. Quand vous possédez un téléviseur, c'est un gain, un toit sur la tête, c'est un gain, pareil quand vous avez un travail (peu importe lequel), si vous arrivez à vous concentrer sur le fond et non sur la forme, vous comprendrez que vous êtes déjà très riche et vous gagnez à chaque fois que vous obtenez quelque chose de la vie.

Tout ceci en vous basant uniquement sur ce que vous avez. je parlais des lois du subconscient, et la plus importante d'entre elle est la loi de l'équilibre. l'intérieur doit "transpirer" vers l'extérieur, maintenant, essayez d'imaginer avoir la possibilité de vous voir et d'être tout ce que symbolise l'univers, l'environnement dans lequel vous vivez et les personnes que vous cotoyez! En prenant sa place, dans quel état d'esprit seriez-vous si par exemple, et en prenant le rôle de l'univers, vous donnez la vie, la possibilité d'interagir, de voir le monde qui vous entoure, de toucher, d'entendre, et qu'en retour, celui que vous voyez (vous-même), malgré tout ce que vous offrez, reste insatisfait? Celui qui est en face de vous a tout obtenu de vous (en tant qu'univers), mais en retour, ce n'est que rancoeur, envie et égoïsme, car il ne donne rien, aucun remerciement ni petit geste allant dans ce sens, par exemple, en contribuant à améliorer le monde.

Les catholiques pratiquants, au début de chaque repas donnent les bénédicités, c'est-à-dire qu'ils récitent une prière pour remercier le seigneur pour le repas qu'il vont consommer, cela a toute une symbolique, car ils sont reconnaissants d'avoir du pain sur la table et du vin à boire.

Appréciez et soyez fier de ce que vous possédez! Et remerciez l'univers pour ce qu'il vous offre, même si la situation actuelle vous rend triste, tant que vous serez dans l'état d'esprit d'aigreur, à affirmer que vous avez une vie de misère, vous n'obtiendrez que de l'univers qu'une vie de misère.

Cette façon de réagir provient de votre subconscient, quand vous étiez enfant, et que vos parents vous emmenaient au supermarché, certains d'entre vous étaient capricieux, surtout en passant au rayon des bonbons, en réclamant et faisant un scandale devant les autres clients, imaginez la tête de votre père et de votre mère, déjà pas mal échauffés par votre comportement.

Ce même phénomène se produisait également au moment des fêtes de Noël, si vous vous souvenez bien, votre famille vous offrait des cadeaux étant très jeune, et cela malgré que vous n'avez pas été sage, aussi, ayant pris l'habitude que l'on vous donne des jouets à cette période, au fil des années, vous compreniez moins pourquoi on vous en offrait de moins en moins, ce qui a créé indirectement le sentiment de manque. C'est ce qu'il se passe avec les enfants trop gâtés, habitués très jeune à tout obtenir, ils finissent par devenir des individus à la fois dépendants des autres, et qui par dessus tout racketent leurs parents pour la plupart.

Envier quelqu'un d'autre pour ce qu'il possède est synonyme de manque, car vous voulez ce qu'il a en plus de vous, que ce soit une belle voiture ou une belle villa avec une piscine, vous n'obtiendrez rien de tout ceci car indirectement, vous vous punissez vous-même, car votre subconscient est orienté vers le besoin, ce que vous n'avez pas, ce qui vous place en position de pauvreté et avec cet état d'esprit, vos sentiments seront similaires à ceux d'un mendiant, assis sur le sol à regarder vers le haut les personnes qui ont la moindre pièce à lui fournir.

Vous demandez et vous attendez alors que tout pourrait vous arriver si vous appréciez déjà ce que vous avez. La plupart des gens passent leur vie à ruminer leur mauvais sort, ils liraient mon livre, et sans changer leur état d'esprit, ils diraient que tout ce qui est noté dans cet ouvrage n'est que pure absurdité, alors que de mon point de vue, ainsi que celui de tant d'autres qui ont réussi, nous restons dans le vrai et tout est en cours de concrétisation.

Récemment, j'ai assisté à une convention pour une entreprise de décolletage qui fêtait ses 40 ans. Lors de son discours, le Président du groupe faisait un retour en arrière sur sa progression fulgurante.

Au début de l'aventure qu'allait connaître cette entreprise, il n'y avait qu'un atelier dans un garage et seul le fondateur de ce qui allait devenir un géant de l'industrie métallurgique en Haute-Savoie.

Cet homme, seul dans son garage, était le père de celui qui deviendrai président du groupe un peu plus tard, c'était une personne déterminée, rigoureuse, et faisait de la qualité son objectif, ce qui lui permit d'être reconnu pour son savoir-faire et de gagner de nouveaux clients.

Peu de temps après, ce petit atelier ne pouvant plus répondre à une forte demande, prit un salarié, puis un peu plus tard, il acheta un atelier plus grand. Au fil du temps, grâce à sa ténacité, et étant un travailleur acharné, ce fut une entreprise qui prit un peu plus d'ampleur, et à chaque fois qu'il devait répondre aux attentes d'une clientèle en expansion, il prenait de nouveaux locaux de nouvelles machines et de nouveaux salariés.

Le président de ce groupe raconta ses débuts, tout d'abord en tant que décolleteur, devant s'occuper d'un des ateliers de son père, il prit comme modèle sa rigueur et sa détermination qui le fit avancer.

Tout au long de son discours, j'ai vu un homme ayant cette même fougue, à toujours aller de l'avant, nous montrant sa vision de l'entreprise, ses paroles n'étaient pas orientées vers le manque, mais vers le progrès, fier du chemin parcouru, son objectif était l'excellence, j'ai eu l'impression d'assister à un séminaire sur le développement personnel et le président du groupe semblait parler comme un coach de vie.

Atteindre de nouveaux marchés, et obtenir un rayonnement mondial, voilà ce qu'est devenu le groupe, une enseigne internationale avec des entreprises aux États-Unis, en Pologne, ou en Suisse entre autres, imaginez le chemin parcouru en ne partant de quasiment rien, dans le discours, il ne faisait aucunement référence au manque, tout était tourné vers le gain, la réussite et le progrès. C'est cet optique que vous devez avoir, toujours viser l'excellence et être fier de ce que vous possedez. Sans rien réclamer à la vie, essayez de vous convaincre que vous pouvez toujours mieux faire.

Libérez votre esprit de vos problèmes

Si vous êtes noyés dans les difficultés, ne vous inquiétez pas et essayez d'analyser les situations de manière rationnelle. Comme évoqué précédemment, un haltérophile ne commence jamais par les poids les plus lourds, vous n'arriverez à rien en estimant que cela est impossible, tout d'abord, analysez pourquoi cela vous semble insurmontable en commençant par la base. Enlevez quelques poids à vos haltères, ils représentent vos problèmes et commencez à les résoudre en commençant par les plus petits d'entre eux, avec de l'entrainement, l'impossible deviendra possible, de 5 kg, vous passerez à 10 kg, cette étape vous sera alors possible.

En s'armant de patience, au bout d'un mois, deux mois et ainsi de suite, votre corps s'habituera progressivement.

Si vous commencez par des problèmes de 5 kg, votre esprit s'adaptera si vous lui donnez les vitamines dont il a besoin sous forme d'informations, votre cerveau s'en nourrit par la lecture et la documentation.

Vous avez dès lors des armes pour résoudre de toutes petites difficultés, qui deviendront moins contraignantes pour votre esprit, il se libérera de certaines charges, laissant plus de place à la résolution de plus gros problèmes.

C'est simple, commencez par les plus petits problèmes pour n'avoir finalement que les plus gros à résoudre.

Ne cédez plus au chant des sirènes

C'est le secret d'une vie meilleure, savoir ce qui est réellement important pour vous et ce qui ne l'est pas. Sur les pages qui vont suivre, je vais vous faire gagner beaucoup d'argent (cela amortira le prix de ce livre qui est le meilleur investissement de votre vie)

Faites le calcul et regardez ce qu'il vous reste à la fin du mois, pourquoi êtes-vous souvent ou toujours dans le rouge? Gagner de l'argent, ce n'est pas nécessairement dire en recevoir d'un tiers, cela veut dire préserver son capital. Je vous donne un exemple. Quand vous faites vos courses, vous voyez des produits dans les rayons qui vous font envie, une tablette tactile, un smartphone, une console de jeux, mais posez-vous cette simple question pour tous ces objets, "*En ai-je réellement besoin?*". Si vous possédez déjà un smartphone, pourquoi en racheter un? Le modèle est plus récent? Celui que vous avez vous avez ne vous plait plus? Ou tout simplement qu'il ne fonctionne plus? Dans tous ces cas, agissez selon les prorités, vous avez du matériel qui fonctionne, alors, pourquoi le changer?

Faites le point sur vos priorités! Au début de mois, beaucoup de personnes (je ne dis pas toutes) font l'erreur de voir la grosse somme qui rentre sur leur compte en banque, sans s'occuper de ce qu'il en sort, si bien qu'en fin de mois, le capital est quelque peu limité, voir néant.

Établissez votre budget par rapport à qui sort, et non par ce qui rentre, en début de mois, déduisez les priorités, c'est-à-dire, le loyer, l'électricité, l'eau, manger, boire, etc..… Vous ne gagnez pas la totalité du salaire, car tout repart aussitôt pour régler tout ce qui est important, en réalité, vous ne percevez que le restant de vos revenus qui constitue vos gains.

Mais vous percevez ceci que comme un restant, ce qui est synonyme de manque, alors qu'il vous suffirait de penser comme ceci "je dispose de ce montant".

Qu'est ce qui est le plus important pour vous? D'être à la pointe de la technologie pour ne pas paraître un "has been" (terme désignant une personne vivant avec du vieux matériel), ou d'avoir un toit sur la tête et de quoi subvenir à vos besoins? De dépenser ou de capitaliser? L'un signifiant le manque, et l'autre le profit.

Dans la semaine, il m'est arrivé d'aller souvent en boulangerie après le travail (je travaillais de nuit) et de prendre une viennoiserie, celle-ci coûtait dans les 1€, cela voulait dire qu'en une semaine, je dépensais 5€ et en un mois 20€. Cette somme peut paraître dérisoire, mais cumulé à d'autres, il est possible de dépenser, dans la plupart des cas, des montants pouvant atteindre une centaine d'€uros. Imaginez en un an, cela représente environs 1200€ (en arrondissant).

Si vous allez au supermarché pour prendre la meilleure marque en viennoiserie, vous pouvez vous en sortir pour seulement 2 ou 3€ pour la semaine, c'est-à-dire 8€ que vous avez en fin de mois, et ainsi de suite. En calculant en premier lieu vos priorités et en faisant durer votre matériel d'une année ou deux, vous pourriez faire des économies, et ce n'est pas tout, cette somme que vous avez conservé, vous pourrez la placer sur un livret porteur (vérifiez les taux d'intérêt), et gagner de l'argent (si vous placez ceci en intérêts composés), je conclurai en vous disant ce que me disait ma mère "ce sont les petits ruisseaux qui font les grandes rivières", souvenez-vous en!

CHAPITRE 9 : TECHNIQUES DE REPROGRAMMATION

"L'instinct demande à être dressé par la méthode, mais l'instinct seul nous aide à découvrir une méthode qui nous soit propre et grâce à laquelle nous pouvons dresser notre instinct."
(Jean Cocteau)

Le sujet a été abordé dans mon premier livre, seulement, il fallait le lire! Si ce n'est pas le cas, heureusement pour vous, je l'évoque encore une fois.

Prenez un papier et un crayons, tracez deux lignes de haut en bas pour séparer la feuille en trois, au milieu, vous noterez tous les événements de votre vie dont vous vous rappelez. Le titre de cette colonne sera "*événements marquants*".

À sa gauche, vous noterez en titre "*le manque*", pourquoi cela vous a manqué? Est-ce que cela venait de vous ou de vos proches selon vous? Dans quel état d'esprit étiez-vous à ce moment précis?

À droite, la colonne sera intitulée "*le gain*", qu'avez-vous obtenu? Grâce à qui? Et votre état d'esprit lors de cet événement.

Maintenant, comptez le nombres d'attributs positifs et le nombres d'attributs négatifs de chaque colonne, s'il y a plus d'un côté ou de l'autre, c'est la perception que vous avez en général du monde qui vous entoure, cela symbolise le degré de difficulté que vous avez actuellement.

Pour ces mêmes événements, ceux que vous avez vécu comme un manque, essayez de trouver une réponse au fond de vous, pourquoi percevez-vous ces événements négativement?

Reconsidérer votre perception de ces événements et réfléchissez comment la situation aurait pu être améliorée, ne jetez pas la pierre sur ceux qui sont à l'origine de cet événement, il s'agit de votre façon de réagir, de repenser positivement, de relativiser. Voyez ceci comme un avantage, par exemple, un métier que vous n'avez pas pu faire, peut-être n'étiez-vous pas assez préparé, ou que vous n'étiez pas fait pour ce travail, ou encore, étiez-vous jaloux d'un camarade de classe qui courtisait une fille qui vous plaisait, elle n'était peut-être pas faite pour vous et que vous pouviez trouver mieux.

En cherchant bien, il y a toujours une réponse de votre subconscient qui reste dans le vrai, il subit votre réalité, vous n'avez pas la fille qui vous plaisait, ni le boulot que vous vouliez, encore moins la somme que vous auriez aimé avoir, car tout est orienté vers "*le manque*".

Vous êtes ici, avec moi à travers mes écrits, bien vivant, vous êtes bien en ma compagnie non? Réfléchissez à tout ce qui vous a amené jusqu'à moi (du moins ce livre), qu'est ce qui vous a poussé à l'acquérir? C'est sans doute afin de trouver les réponses qu'il vous manque, et déjà, vous en avez déjà obtenu une bonne partie. Les réponses que je tente de vous donner à tous les problèmes que vous avez eus dans votre vie se trouve en vous, seulement, il est difficile de les percevoir, car vous êtes noyé dans les difficultés ou que vous n'avez pas osé, trop installé dans votre zone de confort, la fille que vous aimiez ne sera jamais venu à vous, car il n'y a pas eu d'interaction avec, pareil pour le métier que vous convoitiez, comment auraient-ils eu connaissance de votre existence?

Ce n'est pas si différent que de se pointer dans une agence d'intérim ou de s'inscrire sur un site de rencontre, ou ouvrir un compte sur Facebook, où eux, au moins, savent que vous existez.

Le problème ne vient pas d'eux, il vient de vous-même, de votre façon de percevoir les événements, d'où l'intérêt de vous replonger dans vos souvenirs et de faire le bilan de tout ce qui vous a amené jusqu'ici.

Mais je ne vous laisserai pas sombrer, votre vie prendra après la lecture de cet ouvrage un nouveau tournant, il n'y a rien de magique là-dedans, et je vous ai promis un schéma qui suivra ce passage du présent chapitre, fait de mes petites mains, n'est-ce-pas merveilleux?

Maintenant, reprenez une autre feuille de papier et refaites trois colonnes! Une pour "le manque", une autre pour les "*événements marquants*", et la troisième pour "le gain".

Reprenez votre première feuille, et regardez la colonne de gauche! Tentez de mettre une réponse symbolisant le gain ou le profit sur la deuxième feuille! La fille que vous convoitiez étant jeune ne s'intéressait pas à vous, et puis de toute façon, la relation aurait été compliquée, ayant une manière de penser différente, en revanche, cela vous a permis de rencontrer une personne avec qui vous vous sentez bien et qui partage votre vie, vous aimez votre femme, mais si vous êtes célibataire, vous la rencontrerez sans que vous l'attendiez, car l'attente est synonyme de manque, ce que je peux vous recommander, soyez déjà bien dans votre vie, heureux d'avoir ce que vous avez, et si vous êtes riche de ce que vous possédez à l'intérieur de vous, cela se matérialisera vers l'extérieur. Pour cela, imaginez votre idéal de femme et ressentez l'amour que vous avez pour cette personne, vivez dans votre esprit l'instant présent, et surtout, gardez ceci pour vous, n'espérez plus et savourez, c'est apprécier chaque petit moment avec, jour après jour qui attirera à vous tout ce que vous désirez.

Mais rien ne se fera tout seul, il faudra interagir avec le monde extérieur, faites-vous des amis, mettez y du vôtre, et peut-être qu'un de ces amis vous présentera sa soeur, et surtout, en aucun cas vous devez le faire avec un esprit d'attente. Ce qui se présente au dedans se matérialisera au dehors, bâtissez votre esprit de couple, et cela deviendra réalité, car l'univers rééquilibrera les événements.

Pour en revenir à votre feuille, où en êtes-vous? Vous n'avez noté que ce que je viens de vous dire? Bon sang! Mettez-y du vôtre! Allez-y! Trouvez en quoi les événements négatifs auraient pris un tournant positif, relativisez!

Pour vous résumer ou je veux en venir, car vous êtes sans doute dans l'interrogation, en reprenant vos deux feuilles, renommez "le manque" par "Suiveur" et "le gain" par "Meneur", vous comprendrez dans quelle position vous vous trouvez. Le Suiveur suit le Meneur, il attend qu'on lui donne les instructions, comme un élève attendant que le professeur l'instruise en lui donnant des informations qui lui seront utiles dans la vie au travers de livres, ou comme les moutons suivant le berger, ou encore le chômeur attendant qu'on lui propose du travail.

Le Meneur, lui, n'attend rien, ou plutôt, il donne, du temps, de l'énergie, du soutien, car il possède énormément. Si vous regardez les vidéos de Franck Nicolas ou de Max Piccinini, eux aussi ils donnent à des oeuvres caritatives, vous ne les verrez pas mendier pour que l'on achète leur livre, bien sûr, ils sont obligés de se faire connaître en faisant de la publicité, ce qui s'appelle « interagir », le chanteur donne un message au travers d'une chanson, le politique dirige les militants en donnant de l'espoir, ce ne sont pas des « taiseux » comme on dirait au Québec, ils expriment leurs idées et se font connaître.

Pour réussir dans la vie, cela doit provenir d'un apport personnel! Arrêtez d'être comme le petit chien qui suit son maître, soyez le «Maître»! Donnez votre temps et votre énergie, c'est cela qu'attend l'univers de votre part, sa contribution a été largement menée en vous mettant sur cette terre.

Quand j'étais au collège, nous avions étudié les poids, il y avait dans la classe une balance dite « Roberval », il y avait deux plateaux, sur l'un d'eux étaient disposés des poids de 20g, 50g, et 100g, de l'autre, nous devions déterminer le poids d'un objet, c'était un stylo, une gomme ou un tube de colle. S'il manquait des poids (le manque), les plateaux où était déposé les objets restait en bas (là où se situe votre vie), par contre, en rajoutant des poids sur le premier plateau (le rajout, le gain, le bénéfice), le second remontait (c'est votre estime, vos pensées et votre vie qui reprend un meilleur niveau).

Alors n'hésitez pas! Rajoutez du poids dans votre vie, et vous verrez qu'elle remontera à un bon niveau, et plus vous en mettrez et plus elle sera tirée vers le haut.

Esprit orienté vers le manque

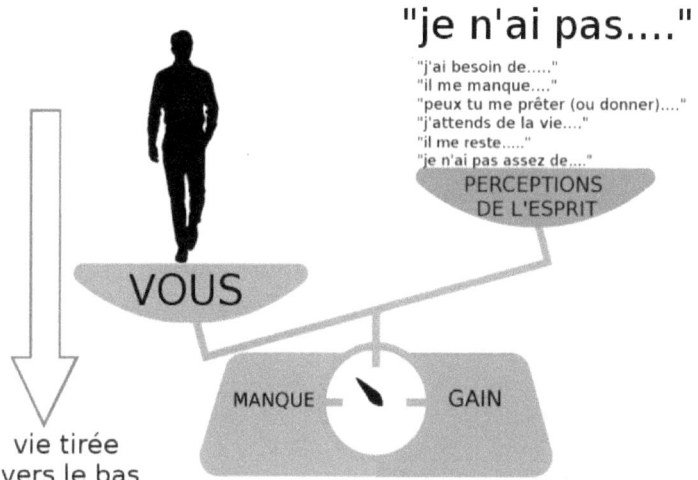

"je n'ai pas...."

"j'ai besoin de....."
"il me manque...."
"peux tu me prêter (ou donner)...."
"j'attends de la vie...."
"il me reste....."
"je n'ai pas assez de...."

PERCEPTIONS DE L'ESPRIT

VOUS

MANQUE   GAIN

vie tirée vers le bas

Esprit orienté vers le gain

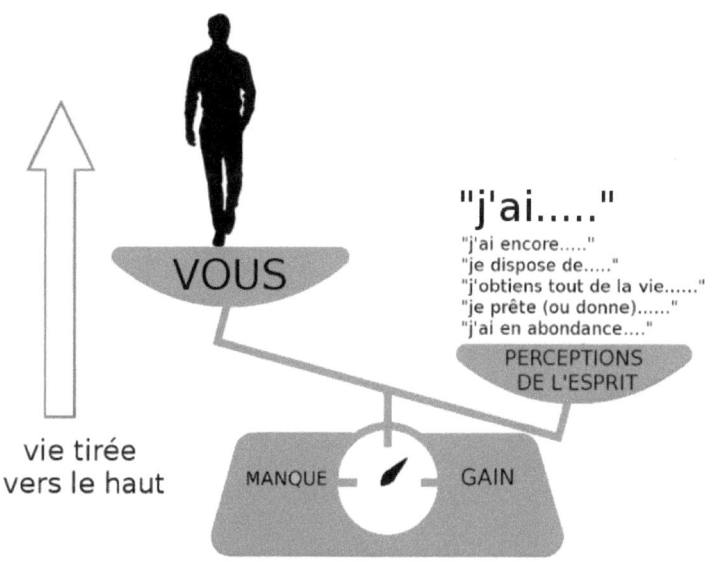

VOUS

"j'ai....."

"j'ai encore....."
"je dispose de....."
"j'obtiens tout de la vie......"
"je prête (ou donne)......"
"j'ai en abondance...."

PERCEPTIONS DE L'ESPRIT

MANQUE   GAIN

vie tirée vers le haut

Un remède efficace

Si je vous disais qu'il existe un traitement qui inciterait votre subconscient à accepter tout ce que vous lui demanderiez, vous trouverez ceci extraordinaire, et pourtant, durant tout le long de ce livre, j'ai insisté sur de nombreux points, dont le phénomène de la répétition subjective. «*Qu'est-ce que c'est que ça?*» me diriez-vous, tout simplement le fait d'insister sur un sujet concernant votre vie personnelle, que ce soit au niveau de la santé ou des finances, c'est également valable dans d'autres domaines.

En médecine thérapeutique, nous appelons ceci "auto-suggestion consciente" ou "la méthode d'Émile Coué", mais comme je l'ai déjà évoqué, cette technique ne fonctionne réellement qu'à partir du moment où nous y croyons vraiment. Pour cela, non seulement, vous devez répéter la formule suivante, "tous les jours, à tout point de vue, je vais de mieux en mieux!", accompagné du sentiment de bien-être.

Si vous ne le connaissez pas, alors vous pouvez faire ce que l'on appelle "tronquer" ou "schinter" ou tout bonnement, "faire un pont" entre la formulation, et un souvenir joyeux (nous en avons tous, et cela, peu importe la durée de celui-ci).

Repensez aux sentiments éprouvés lors de votre mariage, de votre premier enfant, quand vous avez reçu un diplôme ou autres, ce souvenir joyeux réside bien quelque part dans votre conscience, concentrez-vous là-dessus un bon moment jusqu'à quand il envahisse tout votre être.

De ce souvenir heureux, ne gardez que les émotions, puis formulez la phrase "tous les jours, à tout point de vue, je vais de mieux en mieux". Si vous suivez mes recommandations, je peux vous garantir que cela fonctionne réellement, pas en un jour, ce serait trop beau, mais les résultats peuvent déjà se faire ressentir au bout de quelques semaines, à quelques mois, selon les personnes, le degré d'implication et le niveau de difficultés à résoudre.

L'éveil de la conscience

Pour cela, nous allons faire une petite expérience. Prenez un livre sur un sujet qui vous semble pénible à lire (*Qui a dit l'un des miens? Mauvaise langue!*). Cela peut être en philosophie, en maths, en français ou en histoire. Pour ceux qui veulent corser l'exercice, prenez des sujets compliqués comme la comptabilité et le juridique. Lisez le livre choisi d'une traite, sans chercher à connaître les passages par coeur, contentez-vous de lire tout simplement.

Vous aurez l'impression de ne rien apprendre, et pourtant, votre subconscient va fonctionner en système de "déjà-vu", inconsciemment, vous avez retenu des informations, même seulement 10%, ce qui n'est pas si mal.

L'information existera dans votre subconscient, mais ne saura pas à quoi l'associer, il devra attendre une nouvelle information afin de créer une correspondance avec ce que vous savez déjà, un pont va se créer entre le point d'origine (vos connaissances) et les nouvelles informations, il sera bientôt plus facile pour votre subconscient de traiter les nouvelles données, au fur et à mesure que vous lirez ou vous documenterez.

Dans les jours, les mois, ou les années qui viendront, ces informations resteront gravées dans un coin de votre tête. Elles ressurgiront au moment où vous en aurez besoin, une forme d'effet de "déjà-vu", vous vous direz "*Ça, je l'ai déjà vu quelque part!*". Toute notre vie, consciemment ou non, nous continuons d'apprendre, notre cerveau est une très grande base de donnée, si bien que nous n'en exploitons très peu les capacités de cet organe, cela tourne autour des 30% au maximum de ses capacités pour une personne très instruite, une personne moyenne n'en utilise qu'entre 10 et 20%. Et pourtant, des milliards d'informations circulent toutes les secondes, c'est le plus perfectionné de tous les ordinateurs.

La technique des pièces de 1 centime

Vous allez me dire "*Qu'est-ce qu'une technique comme celle-ci peut m'apporter de plus dans ma vie?*" . Vous raisonnez de façon à voir petit et je vous répondrais que même avec 1 centime, vous pouvez faire énormément, je vais vous le prouver.

Pour ce que je vais vous démontrer, il vous faudra être consciencieux, voir très sérieux. Cette technique, aussi incroyable qu'elle puisse paraître, peut vous faire gagner beaucoup d'argent si vous y mettez du vôtre.

Le but de cette technique dispose de deux phases, la première est basée sur le concret, vous verrez que ce que je vous propose est tout à fait faisable, la deuxième vous permet de vous réaligner avec le réel, ce que veux le subconscient, c'est que tout ce que vous pensez soit authentique, vrai, réalisable.

Un phénomène va se créer, celui de l'abondance, ce que vous ferez dans le monde réel se produira également dans votre subconscient, c'est l'une des règles les plus importantes de la loi de l'attraction, le dehors doit également se ressentir dans le dedans, il doit refléter une vérité que votre esprit assimilera, et plus vous pousserez vers le haut, et plus vous serez entraîné dans cette direction par une force invisible, vous baignerez dans une aura magnétique qui attirera à vous tout ce que vous désirez.

Tout d'abord, Faites le point sur votre compte en banque et procédez comme je vous l'ai dit dans les pages précédentes.

Réglez vos problèmes en commençant par les plus petits, afin de vous libérer l'esprit et que vous ne soyez plus dans une situation qui semble-t-il est impossible à gérer, puis, régler progressivement les plus gros en négociant des accords à l'amiable avec vos créanciers. Dans la majorité des cas, ils seront d'accord, sous réserves de frais supplémentaires, mais il est préférable de tout régler sans attendre d'avoir de plus gros problèmes (saisie sur salaire ou visite d'huissier).

Ensuite, établissez-vous un budget pour le mois en déduisant de votre salaire toutes les dépenses fondamentales, c'est-à-dire, le loyer, l'électricité, etc....…

Avec le montant restant, divisez le par 4 semaines, puis retirez 25% du résultat hebdomadaire, cela vous donnera le plafond maximal de dépenses. Et avec le restant, même s'il ne reste que quelques €uros, mettez-les de côté, cela servira pour la méthode des pièces de 1 centime.

J'en viens enfin à ma technique qui tend à deux objectifs, vous faire gagner de l'argent et reconditionner votre subconscient par la force des habitudes, cela se fera naturellement. Pour nombreux d'entre vous, vous serez surpris.

Pour cela, vous aurez besoin d'un grand pot ou d'une boîte que vous déposerez dans un endroit fermé, qui ne soit pas directement exposé à votre vue, afin d'éviter ce que l'on pourrait appeler "le supplice de Tantale".

Commencez dès cette ligne que vous lisez avec seulement 1 centime. Le pot ou la boîte vous semblera vide comme peau de chagrin au début mais si vous êtes patient, vous récolterez le fruit de cet effort.

Le lendemain, déposez 1 centime + 1 centime, et le surlendemain, rajoutez encore 1 centime à votre deux autres centimes, et ainsi de suite.

Cette méthode fonctionne par cumul et vous n'avez pas nécessairement besoin d'y mettre beaucoup d'argent au début.

L'objectif final est qu'avec seulement des centimes, vous rajoutez à chaque fois une pièce dans le pot ou la boîte, et le plus extraordinaire, c'est qu'en se fixant la limite de 1€, c'est-à-dire en ne mettant qu'un centime à la fois jusqu'à 0.99€, tout d'abord, cela ne prendra que 3 mois et 9 jours (le mois arrondi à 30 jours), le montant total obtenu sera de 49.50€...... Étonnant non? Faites le test avec votre calculatrice et imaginez ce que vous pourriez gagner en 6 mois! Un cumul de 161.90€ en arrivant à la limite de 1.80€

Cela vous fait prendre conscience sans doute de toutes les petites dépenses que vous faites pendant ces 6 mois qui ne dépassent pas les 2€ par jour, c'est l'accroissement de la valeur ajoutée qui provoque ce phénomène, et encore plus fort, pour les plus courageux, tentez la même expérience, mais avec 0.10€ par jour, la somme (multipliée par 10) cumulée représenterait un total de 1619€ pour 18€ en 6 mois (si, c'est possible!).

Vous ne me croyez toujours pas? 1€ par jour, sur une période d'un mois, représente déjà 30€ et en 6 mois, 180€. Si vous entamez dès maintenant cette technique, votre subconscient ne l'acceptera pas au début, mais avec la force des habitudes, cela lui deviendra routinier de le faire, c'est pour cela qu'il faut vous raisonner, vous reprendre en main, et pour vous, cela deviendra une seconde nature.

Faites travailler votre argent

Beaucoup diront que je m'éloigne de mon sujet initial, alors qu'il n'en est rien, cela fait partie du processus de reconditionnement du subconscient et lui faire assimiler les notions d'économies, ce qui changera radicalement votre vie, et si vous le faites consciencieusement, vous le ferez sans même y penser, votre subconscient aussi fera travailler votre argent, car il pensera autrement. Avec l'argent que vous aurez mis de côté, il faut espérer au minimum 50€ par mois, que je vous conseille de placer progressivement sur un livret d'épargne, sur un an, vous aurez dès lors acquis 600€ en plus des taux d'intérêt. Ce qui vous permettra d'aller plus en amont avec le cumule des pièces de 0.01€, je vous conseille de mettre de l'argent de côté, car la méthode risque d'avoir ses limites si vous ne suivez pas à la lettre ces recommandations, surtout s'il vous faut sortir des sommes allant jusqu'à 10€ par jour, il faudra puiser dans vos économies.

Je vous rassure, sortir 10€ par jour même si cela peut paraître hallucinant, et que vous pensez que je suis tombé sur la tête, c'est très largement faisable, mais il ne vous faudra pas loin de trois années pour y parvenir. En mettant de côté vos 50€ par mois, cela assure la continuité du processus en repuisant sur une partie de votre capital. Au bout de trois ans, vous verrez votre capital augmenter, l'abondance s'imprègnera dans votre subconscient, ce qu'il se passera à l'intérieur de vous sera en résonance avec le monde extérieur, ce qui aura pour effet d'avoir l'esprit gagneur, d'autres changements se produiront dans votre vie si vous reconsidérez tout ce que vous avez eu ou possédé depuis votre enfance, transformez vos faiblesses en forces.

Imaginez tout ce que vous pourrez acquérir, bien au-delà des 1939€ annoncés, cela dépassera toutes vos espérances. Car tout sera attiré vers vous comme un aimant.

La suggestion consciente

Comme je l'ai déjà évoqué, il existe une méthode qui permet de voir les choses du bon côté. Il s'agit de la méthode d'Émile Caué qui se résume à reformuler une vingtaine de fois, afin de se convaincre que les événements et la santé sont au beau fixe, cela ne fonctionne qu si nous sommes intimement convaincu de son efficacité, et par-dessus tout, l'auto suggestion consciente, doit être, pour se faire, accompagnée d'émotions, et il vous faut ressentir un bien être intérieur lié à la formulation. J'ai quelque peu modifié celle-ci afin de lui donner plus de force à son efficacité. Au lieu d'employer "tous les jours, à tout point de vue, je vais de mieux en mieux!", dites plutôt "tous les jours, à tout point de vue, je sens que je vais de mieux en mieux!

Employez ceci et essayez d'éprouver un sentiment de bien être! Si vous avez des difficultés à le faire, pensez à une chose agréable qui vous donne du plaisir, détendez-vous, et chassez vos problèmes de votre tête. Essayez de détacher l'événement de l'émotion et faites une transposition, c'est-à-dire, séparer le souvenir du sentiment éprouvé.

Un trombone contre une maison

Je repense à une histoire qui a débuté très précisément le 12 juillet 2005 pour se terminer un an plus tard le 12 juillet 2006, et je vous pose maintenant cette question, est-il possible d'avoir une maison en échange d'un trombone? Naturellement et avec un esprit logique, non, parce que vous raisonnez en terme d'argent, alors que celui qui est à l'origine de cette histoire s'appelle Kyle M n'a pas déboursé un seul centime.

Comment a-t-il fait? Tout est parti d'un pari qu'il a fait en lui-même en voyant un trombone posé sur son bureau, celui d'acquérir une maison en partant de ce petit objet sans valeur en apparence, mais qui allait lui permettre de réaliser son rêve.

Il met en ligne son petit trombone sur un site de troc, et il obtient en échange de celui-ci un stylo en forme de poisson, qui sera troqué contre un bouton de porte, ce même sera donné contre un barbecue, et par la suite, il troque au fur et à mesure un générateur électrique, une pompe à bière, une motoneige, une camionnette, un ne maison de disques pour enregistrer une maquette, un an de location gratuite à Phoenix, et au fil du temps, les réseaux sociaux, puis les médias s'intéressent à lui, et ainsi, son pari continue, sa location gratuite à Phoenix est troué contre un après-midi avec Alice Cooper, qu'il échange contre une simple boule à neige.

Les internautes ayant suivi l'affaire de très près trouvaient ce choix plutôt régressif, alors qu'il était stratégique, car, ils ne savaient pas que Corbine Bersen était un grand collectionneur de boule à neige, et lui propose un rôle dans son prochain film, pour finir, et arrivé début Juillet 2006, il échange son petit rôle dans un film contre une maison. Tout ceci en un an a été une succession d'événements l'ayant mené à son objectif final.

Il ne l'a pas fait en se disant, comme beaucoup diraient "*C'est absurde!*", aussi, à la différence de cet homme, beaucoup n'essaient pas, ou quand ils essaient, ils abandonnent en cours de route, mais celui qui était l'auteur de ce pari s'est accroché jusqu'au bout, il s'est fixé un but ultime sans trop se demander comment il allait y arriver et s'il allait y arriver. Chaque objet ayant de plus en plus de valeur, son subconscient était toujours tiré vers le haut, objectif après objectif, il s'est créé le phénomène d'attractivité, les événements extérieurs ont changé autour de lui, parce qu'il y croyait fort. Il a attiré des internautes, des médias et des personnalités grâce à son histoire qui n'était pas pris au sérieux au début, mais au fil du temps, les gens se sont laissé convaincre.

Il voulait démontrer en faisant ce pari que les gens attachent trop d'importance à la valeur matérielle alors qu'il suffit de penser à la valeur subjective et émotionnelle, la preuve en est faite avec la boule à neige troqué à Corbin Bernsen.

Kyle MacDonald figure également dans le livre Guiness des records dans la catégorie "échanges internet ayant le plus de succès".

Neuro-association et neuro-substitution Un objet vous est présenté, et un signal est transmis à votre subconscient. Il cherche l'association à celui-ci, s'il est bon ou mauvais. Par exemple, pour un fumeur, la cigarette sera synonyme de plaisir, car elle lui donne sa dose quotidienne en nicotine.

Pour un non-fumeur, cela évoque des problèmes de santé pouvant entraîner la mort. Je ne dis pas qu'un fumeur n'y songe pas, mais l'envie d'avoir sa dose quotidienne domine la pensée de problème pouvant en découler.

C'est seulement quand ils arrivent qu'ils prennent pleine conscience que la cigarette était nuisible, seulement, il est trop tard. Votre subconscient travail sur les priorités. Cela est de même pour un alcoolique ou un accro à Facebook, ce sont des personnes addicts. Le chant des sirènes est plus fort que leur volonté, toujours le subconscient qui laisse dominer l'objet de leur addiction. Pour palier la neuro-association du plaisir dominant, il existe une méthode que j'ai moi-même testé, celle de la substitution. Cela veut dire "trouver un autre plaisir dominant". Je me souviens, quand j'étais plus jeune, je sortais en boîte de nuit avec des amis, nous consommions beaucoup d'alcool à cette époque de ma vie, mais j'ai compris aussi que je perdais toute ma lucidité et je risquais gros venant d'avoir mon permis.

Alors, je ne me souviens plus vraiment dans quel contexte, je me suis mis à boire beaucoup de café (ce n'est pas bon ça aussi, je le sais!), mais cette dose de caféine m'étais plus indispensable que l'alcool, il m'a fallu tout simplement remplacer une boisson par une autre. La méthode employé était de remplacer la Neuro-association par de la neuro-substitution en me disant que le café m'était plus indispensable que de l'alcool, et depuis, je n'en bois plus une goutte en dehors des événements comme les fêtes de fin d'année. Tout ce que je peux vous dire, c'est que cela fonctionne vraiment! Essayez et vous verrez! Si vous employez toute votre force intérieure et que vous y mettez de l'enthousiasme, une bonne dose de conviction et cela devrait aller!

L'écho de votre subconscient

Maintenant, je vais vous proposer un exercice à faire afin de reprendre confiance en soi qui fonctionne sur le visuel, le toucher, le verbal et le subconscient, tout cela en même temps. Cela consiste à associer une seule chose ou un événement à tous vos sens. Si vous n'avez aucune référence, allez dans un restaurant ou un hôtel luxueux, de préférence, mettez un costume pour vous fondre dans le décore, et cela vous évitera que le réceptionniste vous demande ce que vous faites ici. Dans un tel cas, dites lui que vous attendez quelqu'un. Rien de plus simple.

Ensuite, repérez bien les lieux, faites le vide de votre vie actuelle et en vous-même, supposez que vous avez toujours connu le luxe, que l'endroit fait partie de vos habitudes, ressentez chaque son, chaque mouvement de la foule, imprégnez vous de tout ce qui vous entoure, cela servira de base pour la suite de l'expérience.

Une fois les informations récoltées, vous rentrez chez-vous, et vous vous allongez sur votre lit. Repensez à la situation que vous avez vécue. Ne le faites pas avec à l'esprit vos problèmes actuels, comme je l'ai déjà évoqué, le subconscient ne se base que sur le monde réel, vos émotions ne doivent être aucunement tourné vers l'envie et le besoin, revivez la scène comme si vous avez été réellement vous-même client de ce restaurant, et en aucun cas, associer tout ceci à l'argent que vous dépensez ou à la perte, mais plutôt au profit et au plaisir que vous apporte le menu.

Si vous avez observé tous les plats que mangeaient les clients du restaurant de luxe, il faudra l'associer avec vos propres sens, comme si vous aviez commandé ces mêmes mets. Imaginez le goût de la viande, des légumes, du vin, l'ambiance et les sons. La scène se répète sans cesse dans votre tête. Dans ce lieu, vous rencontrez des personnes que vous connaissez (toujours dans votre imaginaire), il s'agit de personnes connues, ils vous demandent des recommandations sur les plats avant de s'asseoir à votre table. Ils vous parlent de choses et d'autres, le repas se passe bien, vos convives sont heureux d'être avec vous., et au moment de payer l'addition, vous dites à vos invités "*Laissez! c'est pour moi!*", vous avez les moyens puisque vous disposez d'une réserve inépuisable, vous "gagnez" la sympathie des personnes qui sont autour de vous, vous "gagnez" une belle soirée, et vous "gagnez" dans tous les domaines. Puis, tout en imaginant cette scène, répétez ceci oralement, "je suis ici actuellement, c'est la vie que je dois avoir", puis faites de même dans votre esprit, impregnez cette phrase en la répétant mentalement, croisez l'oral et le mental.

Méditez sur ceci au moins une heure dans la journée, puis, pendant votre nuit de sommeil, construisez la vie que vous voulez avoir, vous disposez dès lors de tous les éléments pour la constituer. Disposant d'une grande capacité culturelle, je vous invite à la recherche d'informations, soyez curieux de tout ce que la vie a à vous apprendre, ne tirez que le positif de toutes les situations et le positif viendra vers vous.

Il s'agit de reconsidérer toute son existence, tel est le but de ce présent ouvrage, vous êtes en vie, en pleine santé, vous avez à votre disposition toutes les richesses de ce monde, le pouvoir de puiser dans cette réserve intarissable que sont la culture, l'air en abondance que vous respirez, ce que vous possédez déjà en vous qui a été « gagné », vous êtes bien plus riche que vous le croyez et vous avez bien plus à apporter au monde qui vous entoure, mais dans tous les cas, restez authentiques, méditez sur ces derniers propos!

CONCLUSION

Nous arrivons au terme de ce livre, en espérant qu'il vous a été utile et qu'il vous a fourni des éléments de réponses à toutes les questions que vous vous posiez. Vous avez dès à présent de nombreux outils à votre disposition afin de reprogrammer votre subconscient et d'obtenir de lui une vie meilleure.

Cela demandera un investissement personnel constant, surtout, dans ces dernières lignes, si j'ai quelque chose à vous dire, «*ne lâchez rien!*». La récompense est souvent au prix d'un grand effort, vous vous remercierez plus tard, pour ma part, je ne fais que ressortir ce qui est déjà en vous, je l'ai déjà évoqué dans mon premier ouvrage intitulé «Succès Garanti», les conseils que je fournis dans chacun de mes livres doivent vous suivre toute votre vie, repensez à tout ce qui a été énuméré.

Gardez toujours le cap sur vos objectifs, inutile d'en faire trop d'un coup, ayez confiance et allez-y progressivement, vous y gagnerez en confiance, et elle vous fera progresser vers le but ultime, la réussite.

Pour savoir s'il y aura une suite à mes deux livres, je ne sais pas, le temps me le dira pour moi, et je n'ai pas pour habitude de faire des promesses auxquelles je ne peux pas m'engager, vous le verrez par vous-même. En attendant, quoi qu'il advienne, je vous souhaite à tous d'avoir du succès dans tout ce que vous entreprendrez.

Dernière chose.....

«Gardez toujours l'esprit au-dessus de la ligne!»

Amicalement

Yoann MERITZA

SUGGESTIONS DE LECTURES

ÉDITIONS BOD

- SUCCÈS GARANTI
Yoann MERITZA

UN MONDE DIFFERENT

— RÉUSSITE MAXIMUM
Max PICCININI

— CONFIANCE ILLIMITÉE
Franck NICOLAS

— LA LOI DE L'ATTRACTION
Michael J. LOSIER

EDITIONS BELIVEAU

— 7 INGRÉDIENTS ESSENTIELS POUR MAITRISER LA LOI DE L'ATTRACTION
Jack CANFIELD – Mark Victor HANSEN – Jeanna GABELLINI – Eva GREGORY

POCHE MARABOUT

— LA METHODE COUÉ
Emile COUE

— LA PUISSANCE DE LA PENSÉE POSITIVE
Norman Vincent PEAL

J'AI LU

— LE CODE SECRET DE VOTRE DESTIN
James HILMAN

— ACCOMPLISSEZ VOTRE DESTINÉE
Wayne W. DYER

— QUAND ON VEUT, ON PEUT !
Normann Vincent PEAL

— COMMENT RÉUSSIR VOTRE VIE ?
Dr Josephe MURPHY

— COMMENT UTILISER LE POUVOIR DE VOTRE SUBCONSCIENT ?
Dr Joseph MURPHY

— LE POUVOIR DE LA VOLONTÉ
Paul-Clément JAGOT

— LE JEU DE LA VIE
Florence Scovel SHINN

— VOTRE PAROLE EST UNE BAGUETTE MAGIQUE
Florence Scovel SHINN

— RÉFLECHISSEZ ET DEVENEZ RICHE
Napoléon HILL

— LES SECRETS DE LA COMMUNICATION
Richard BANDLER & John GRINDER

— DEVENEZ MENTALISTE
Bastien BRICOUT

LE LIVRE DE POCHE

— COMMENT SE FAIRE DES AMIS
Dale CARNEGIE

— COMMENT PARLER EN PUBLIC
Dale CARNEGIE

EDITIONS ASKA

— PLUS MALIN QUE LE DIABLE
Napoléon HILL

EDITIONS ADA

— LES SECRETS DE LA RÉUSSITE
Sandra Anne TAYLOR

EDITIONS BUSSIERE

— LA PORTE SECRÈTE MENANT A LA RÉUSSITE
Florence Scovel SHINN